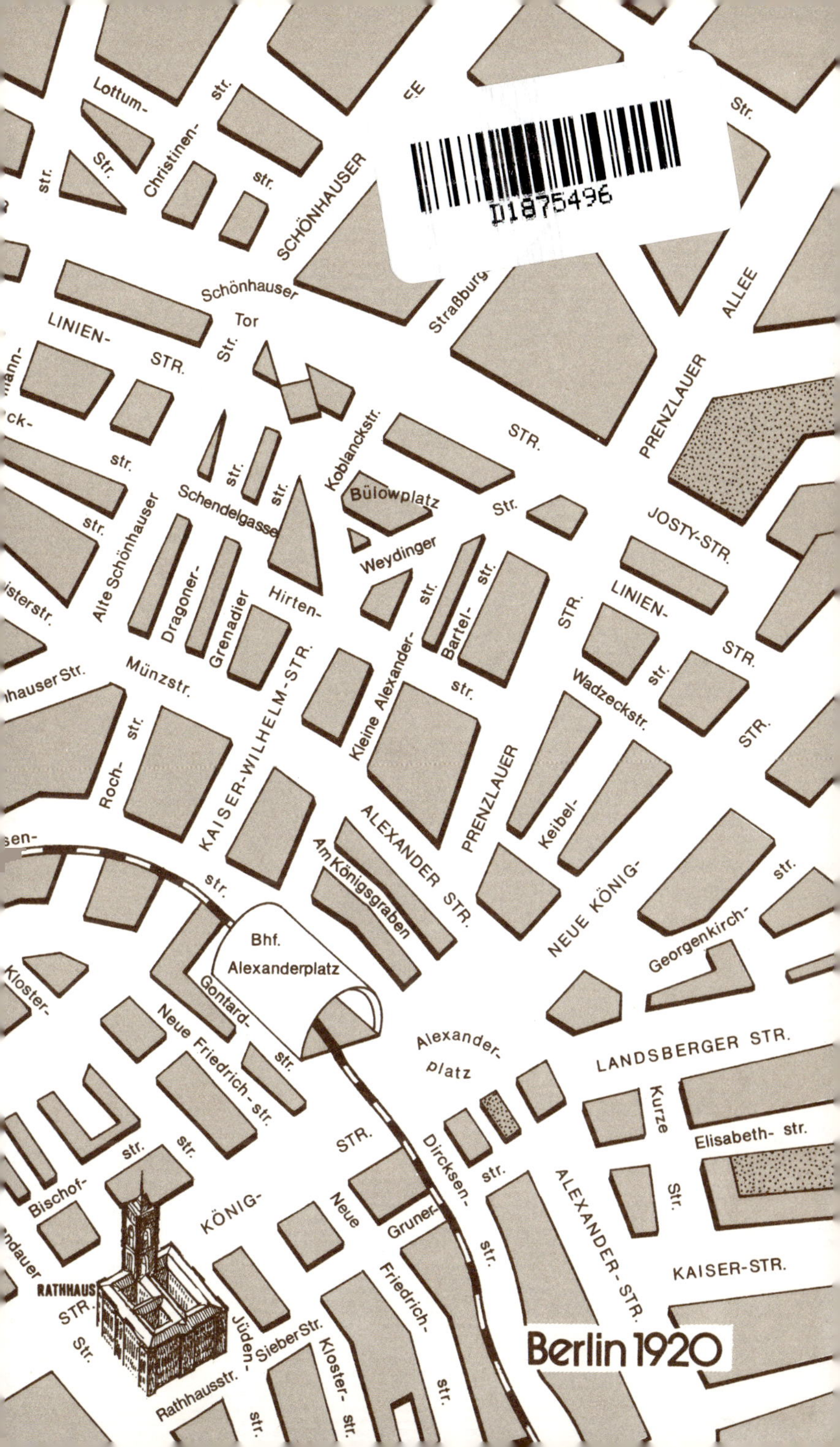
Berlin 1920
Lottum-
str.
Christinen-
str.
SCHÖNHAUSER
Schönhauser
Tor
Str.
Straßburger
ALLEE
LINIEN-
STR.
PRENZLAUER
STR.
Koblanckstr.
Bülowplatz
Str.
Schendelgasse
str.
Alte Schönhauser
str.
Weydinger
JOSTY-STR.
LINIEN-
STR.
Dragoner-
Grenadier
Hirten-
str.
Bartel-
str.
STR.
str.
Münzstr.
Roch-
str.
KAISER-WILHELM-STR.
Kleine Alexander-
str.
Wadzeckstr.
STR.
PRENZLAUER
Keibel-
ALEXANDER
STR.
Am Königsgraben
NEUE KÖNIG-
str.
Georgenkirch-
str.
Bhf.
Alexanderplatz
Gontard-
str.
Kloster-
Neue Friedrich-str.
Alexander-
platz
LANDSBERGER STR.
Kurze
Elisabeth- str.
STR.
Dircksen-
str.
ALEXANDER-STR.
Str.
Bischof-
str.
KÖNIG-
Neue
Gruner-
str.
RATHHAUS
STR.
Str.
Friedrich-
str.
KAISER-STR.
Jüden-
Sieber Str.
Kloster-
str.
Rathhausstr.
str.

Adolf Sommerfeld

Das Ghetto von Berlin

Adolf Sommerfeld

Das Ghetto von Berlin

Aus dem Scheunenviertel

Kriminalroman

EDITION
SCHEUNENVIERTEL

Mit einer Nachbemerkung von
Ingrid Kirschey-Feix

ISBN 3-355-01360-9

Umschlaggestaltung: Ingrid Engmann
unter Verwendung eines Fotos von Heinrich Zille
Lichtsatzherstellung: Nationales Druckhaus GmbH, Berlin
Lithographie: SWS Repro GmbH, Wiesbaden
Druck und buchbinderische Weiterverarbeitung:
Chemnitzer Verlag und Druck GmbH, Werk Zwickau

Der Einwanderer aus dem Osten.

Das sogenannte Scheunenviertel, das sich vor etwa dreißig Jahren dort ausbreitete, wo sich heute der Bülowplatz mit dem großen Volkstheater befindet, barg in den engen Gäßchen mit den alten halb zerfallenen und von Ungeziefer wimmelnden Häusern, Scheunen und Lagerplätzen den Auswurf der Berliner Verbrecherwelt.

Die Polizei war trotz jahrzehntelanger Bemühungen und strengster Maßnahmen nicht in der Lage die Schlupfwinkel und mit ihnen das lichtscheue Gesindel auszurotten. Und so entschloß sich denn der Magistrat von Berlin das ganze Scheunenviertel mit Ausnahme einiger besserer Straßen wie einen verpestenden Seuchenherd niederzureißen.

Der berüchtigte Stadtteil ist zwar verschwunden, aber in der Nachbarschaft des Bülowplatzes, in den früheren sogenannten besseren Straßen hat sich ein anderes Scheunenviertel entwickelt mit demselben verbrecherischen Gesindel und einer ganz neuen Erscheinung in Großberlin, dem Ghetto der aus Rußland, Polen und Galizien eingewanderten Ostjuden. Hier in der Grenadierstraße, deren Läden mit den hebräischen Aufschriften und den merkwürdigsten Namen das Fremdartige sofort erkennen lassen, herrscht im Sommer ein lebhaftes Treiben wie auf einem öffentlichen Markt in Galizien oder Polen. Im Winter aber ist dieses Ghetto äußerlich fast geräuschlos, hingegen spielt sich hinter den beschlagenen, selten gereinigten Fenstern der zahlreichen Gastwirtschaften und in den Häusern selbst das Leben oft lärmhaft, stürmisch und häufig genug nicht ungefährlich ab; denn als Parasiten der nicht gewalttätigen Ostjuden hausen hier auch Schwerverbrecher und Dirnen mit ihrem arbeitsscheuen Anhang.

Die Abend- und Nachtbeleuchtung ist nur spärlich. Es scheint, als ob die Stadtväter wüßten, daß die Bewohner dieser Straßen keinen Anspruch auf großstädtische Ausstattung erheben. Oder aber die Behörden haben mehr Wert darauf gelegt das Treiben des verbrecherischen Gesindels zur Nachtzeit zu überwachen.

Die Straße ist feucht und dunstig. Naßkalter Novemberabend. Die Läden sind bereits geschlossen, denn es ist fast neun Uhr. Aus den Fenstern der Kneipen fällt ein matter Lichtschein auf den Bürgersteig. Die einzigen auf dem schlüpfrigen Gestein glitzernden hellen Flecken des im Nebel dampfenden Ghettos.

Ab und zu kommt eine männliche Gestalt eiligst und fröstelnd aus einem der Wirtshäuser und verschwindet in einem benachbarten Gebäude. Oder ein paar Männer, leise in fremder Mundart sprechend, schlendern gemächlich der Weinmeisterstraße zu.

Außer dem gelegentlichen Zuwerfen der Kneipentüren und dem gleichmäßigen Schritt der beiden Schupoleute, die in jeder Nacht hier ihre Runde machen, ist kein Geräusch vernehmbar und das Ghetto scheint bereits in tiefem Schlaf zu liegen.

In dieser schwarzgrauen Abendstunde schleppt sich der Häuserreihe entlang eine Gestalt, die noch schwärzer aussieht als die Nacht, vorsichtig tastend einen Sack auf dem Rücken und ab und zu mit hochgerecktem Halse nach den Häusernummern spähend.

Bei der matten Beleuchtung einer Straßenlaterne erkennt man in dem müden Wanderer einen Ostjuden mit langem schwarzem Kaftan, dunklem struppigem Vollbart und den ringelnden Stirnlöckchen unter dem breitrandigen schwarzen Hut.

Vor einem Hause, in dem sich eine Kneipe befindet, bleibt er in gebückter Haltung stehen, mustert den Eingang zur Kellerwohnung, buchstabiert mit Mühe die Aufschrift: Salli Butterfaß, Schneider, schaut dann, indem er mit der rechten freien Hand die Augen beschattet, noch einmal hinauf zur Hausnummer und geht dann zögernd hinein.

„Wer klappt ä so spät?“ ruft eine heisere Frauenstimme, als der Fremde schon mehrfach an ihre Wohnungstür geklopft hatte.

„Laßt mer nur rein“, lispelt mit einschmeichelndem Geflüster der Ostjude, „jich bins selbst, Noa Pufeles aus Krakau, habt ihr nicht gekriegt mei Schreibebrief?!“

„Ä soi!“ klingt es gedehnt hinter der Türe. Ein Rasseln der Sicherheitskette, ein kurzes Schließen, und dem Fremden steht eine Frau in den vierziger Jahren gegenüber, eine Haube auf dem Kopf, mit einer rotkarierten Nachtjacke und einem dunkelfarbigen Rock angetan und eine Kerze in der Hand.

Ohne weitere Begrüßungsworte schiebt sich der Besucher in den Korridor, und während die Frau die Türe wieder schließt, folgt er ihr in die Küche, wo er seinen Sack niederwirft und sich auf einen Stuhl setzt, nachdem die Frau den Leuchter auf den Tisch gestellt hat.

„Eure Briefkart ist heint morgen erst angekommen", setzt die Frau die begonnene Unterhaltung fort und mustert ihren Gast von oben bis unten mit kritischen Blicken, „aber aus dem Geschreibsel hab ich nischt klug werden gekonnt, wann Ihr wollt' do sein!"

„Gottseidank, jich bin do", erwiderte mit sichtbarer Erleichterung der Herr Pufeles aus Krakau, und seiner Gastgeberin die schmutzigen Hände entgegenstreckend, fügte er mit wichtiger Miene, die Augenbrauen in die Höhe ziehend und seinen Kopf hin und her wiegend, hinzu: „Wie heißt klug werden?! Meine alte Freundin Rochel Machschewes is klug genug, alle jiddischen Kinder gesagt!"

Frau Rochel Machschewes, früher Leichenwäscherin in Krakau und jetzt Gelegenheitshändlerin kannte ihren früheren Nachbarn, den Altkleiderhändler Noa Pufeles aus Krakau, zwar sehr gut, aber, wenngleich auch sie noch nicht die Reinlichkeitsbedürfnisse einer deutschen Großstädterin angenommen hatte, so war sie doch von der Schmutzkruste ihrer Heimat schon so weit entfernt, daß ihr das Aussehen des Besuchers ein gewisses Unbehagen bereitete. Sie ergriff daher nur zögernd seine

Hand und ohne das Kompliment über ihre Klugheit weiter zu würdigen, lenkte sie gleich auf die Hauptsache ein und sagte ganz geschäftsmäßig:

„Nu, Herr Pufeles, von der Chochme* kann mer nischt leben. Wenn ich Euch soll aufnehmen, müßt Ihr mir bezahl'n wie jeder andere, ob er is Freind oder nich. Ich bin ä arm Witwenfrau und hab noch ä Maidelche zu ernährn. Ich hab ä schein Stübl for Euch, gestern de Bett'n frisch bezog'n. Nemmts mer nischt übel, wenn Ihr Euch waschen sollt, bevor Ihr Euch hinlegt. Und Kinnem** werd' Ihr mir doch keine mitgebracht hab'n aus Krakau? Mei Stübl is schein wie ä Salong, ä groß Fenster drin und weiße Gardien'n, keine dunklen Höhl'n wie in Krakau und kein Gewürm. Aber der Preis ist auch ä anderer, gutte Ware kost't Geld. Das weiß der Herr Pufeles auch, wenn er de gutten Röck gesondert hat von de miessen, und ..."

Der Herr Pufeles, der bei der langen Ansprache und der offenbar absichtlichen Anpreisung der Zimmerschönheiten schon ungeduldig auf seinem Stuhl hin und her gerückt war, unterbrach jetzt plötzlich:

„Sie redden und redden immer und es hat ka End, wenn hört ma endlich, was ich hab zu zahl'n. Ob Se Gardien'n drin hab'n oder nich, intressiert mer garnich. Ich leg mer auch auf ä Strohsack, wenns nischt kost't."

„Redden Se kein Stuß, Herr Pufeles", erwiderte Frau Machschewes etwas spitz, „ä so ä reicher und wohlbeleibter Mann wie Sie schlaft nich uf ä Stroh-

* Chochme = Klugheit
** Kinnem = Läuse

sack. Ich werd's euch billig geb'n, das Zimmer dreißig Mark 'n Monat, kost't mer beinah selbst soviel!"

Herr Pufeles griff hastig nach seinem Beutel und tat so, als ob er auf und davon gehen wollte. Er ging aber nicht und blieb ruhig sitzen und ächzte und stöhnte, als ob ihn jemand geschlagen hätte:

„Weih mir, was hab' ich getan, daß mich Gott so straft. Do bin ich hergeraten in ä fremde Stadt und ma zieht mer das Fell ab bis auf de Knoch'n. Ich bin ä armer Mann! For ä Monat dreißig Mark! Betteln kann ich gehn und de Kille* wird mich noch versorg'n müss'n. Weih geschrien, ich könnt mer zerreiß'n!"

Der unglückliche Ostjude sank in sich zusammen, als ob eine schwere Last ihn drücke, aber es war nur Schein, geschäftsgewandte Mimik. Denn im nächsten Augenblick reckte er seinen bärtigen Kopf wieder in die Höhe und mit den Händen heftig gestikulierend, sprach er auf die Frau ein:

„Hundert Jahr soll'n Se alt werd'n und glücklich sein und viel Glück an Ihrem Maidelchen erleb'n und gesund sein bis über hundert Jahr, aber Se tun mer beises Unrecht, wenn Se mir halten for a Rotschild. Ä armer Mann bin ich und auf Kizwe** angewies'n. So wahr ich leb' und so wahr Sie soll'n gesund sein bis über hundert Jahr, ich kann nischt bezahl'n dreißig Mark und nich dreizehn for ä Monat. Aber wir sind doch immer gewesen gute Freunde, und als Sie meine Ische*** – Gott hab se selig – so gut und gründlich gewaschen hab'n, daß

---

* Kille = Die Gemeinde
** Kizwe = Unterstützung
*** Ische = Ehefrau

se aussah wie ä weiße Taub, hab ich Ihn'n da nich ä Gulden extra gegeb'n? Daraus kenn'n Se seh'n, was ich for ä gutter Mensch bin, und weil ich ä gutter Mensch bin und Gott es so will, und weil Se sind ä arme Frau will ich tun ä Mizwe* und werd Ihn'n zahl'n zwanzig Mark 'n Monat, zwanzig Mark!"

Herr Pufeles tat so, als ob er erschöpft auf seinen Stuhl zurücksinken müßte, aber Frau Machschewes war auf alles gefaßt, sie wußte, daß die Geldfrage mit ihrem gerissenen Landsmann nicht so leicht zu erledigen sein würde und hatte deshalb erheblich vorgeschlagen. Um das Spiel aber zu einem glücklichen Ende zu bringen, setzte sie die Verstellung fort und klagte in jämmerlichem Tone:

„Was seid Ihr doch for ä weltfremder Mensch, als ob das Geld heint noch den Wert hätte, wie früher in Krakau. So gesund sollt Ihr sein, wie ich euch nich übervorteil'n werd. Aber wenn Ihr seid ä armer Mann, will ich nischt verdien'n an euch, zugeb'n will ich noch, weil Ihr ä gutter Mensch seid, also geb'n Se schon fünfundzwanzig!"

Herr Pufeles stöhnte und ächzte noch mehr als vorher und wand sich auf seinem Stuhl wie ein getretener Wurm. Wieder griff er nach seinem Beutel, als ob er sagen wollte: wir können kein Geschäft machen, ich gebe, aber er zog seinen Arm wieder langsam zurück, blieb sitzen und starrte wie verzweifelt zu Boden.

Jetzt kam, durch den Lärm herangelockt, die achtzehnjährige Tochter Esther herbei. Sie hatte sich einen Morgenrock übergeworfen, aber ihren

---

* Mizwe = Wohltat

verschlafenen Augen sah man an, daß sie schon im Bette gelegen hatte und nur durch das laute Stimmengewirr wieder aufgeweckt worden war.

„Um Gotteswillen“, fragte das Mädchen erstaunt und schüchtern, „was ist for ä Gezänk? Man meint, de Leite schlagen sich!“

Der schachernde und vorher noch so unglücklich sich gebärdende Ostjude blickte überrascht auf, und obwohl er selbst schon 42 Jahre alt war und Liebesglück in überreichem Maße genossen hatte, – denn schon mit 17 Jahren nahm er sein Weib, ein kaum dem Kindesalter entwachsenes Mädchen –, so machte die klassische Schönheit der Esther Machschewes doch einen so gewaltigen Eindruck auf ihn, daß sich sein Gesicht erhellte und ein süßes Lächeln um seinen bärtigen Mund spielte.

Die Tochter der ehemaligen Leichenwäscherin war in der Tat ein Geschöpf von außergewöhnlichem Liebreiz, eine jener seltenen Schönheiten, wie solche nur in Galizien oder in den Ländern um das Mittelländische Meer herum zu finden sind. Ihr edelgeformtes bleiches Gesicht mit einem zarten Rosenhauch auf den Wangen schien von einem griechischen Künstler aus blütenweißem Marmor gemeißelt. Über großen schwarzen funkelnden Augen, die in langen Wimpern weich und wehmütig gebettet lagen, wölbten sich zwei Augenbrauen wie von Künstlerhand ebenmäßig gemalt, und die korallenroten leicht geschwungenen Lippen zeigten, wenn der Mund sich mit einem Anflug kindlichen Schmollens öffnete, zwei Perlenreihen Zähne, wie aus Elfenbein zierlich geschnitzt. Malerisch hingen die blau-schwarzen Locken in üppiger Fülle um das

Gesicht und schufen den wirkungvollsten Rahmen zu den feinen Linien, den weichen Formen und dem duftigen Farbenschmelz.

Mit der Mutter, die vielleicht in ihrer Jugend auch einmal als schön gelten konnte, war heute keine Ähnlichkeit mehr zu erkennen; denn das Gesicht der Frau Machschewes war gelblich und verrunzelt und die Augen blickten müde und stechend. Nach der Sitte der Ostjuden wurden ihr die Haare bei der Hochzeitszeremonie bis auf die Kopfhaut abgeschoren, sodaß sie tagsüber einen künstlichen Scheitel trug, den sie nachts mit einer Haube vertauschte.

Herr Pufeles hielt das plötzliche Erscheinen der anmutigen Tochter der Wohnungsinhaberin für ein verheißungsvolles Zeichen. Er bot seine ganze Überredungskunst auf und schöpfte aus allen Quellen sinnbetörender Schmeichelei in der Hoffnung, Esther als Helferin zu gewinnen, sodaß er seine rauhe und harte Stimme veränderte und mit süßem Lächeln und schmachtendem Tone zu dem Mädchen sprach:

„Jich glaubt, ä Malches* wär herbeigekimmen, als ich das scheine Mädel gesehn wie ä Sonnenstrahl bei Nacht. Mir flimmerts noch for de Augen. Gottes Allmacht ist groß, daß er ä so ä herrliglichen Menschen hat wachsen lassen! Und wie er is gewachsen? Nich wie ä Baum, sondern wie ä Edelweiß auf 'm Libanon, wo de Tulpen blüh'n rot und gelb und in alle Farben. Hat mer so eppes schon gesehen? In de ganze Welt nich! Es gibt nix schöneres und herrligli-

* Malches = Engel

cheres als das Maidelche von de Rochel Machschewes. Nur gesund bis über 100 Jahr, nur gesund, mei Goldkind, mei Leben! Aber was sag'n Se doch zu Ihre Mamme, die ä armen Mann will das Fell abzieh'n bis auf de Knochen, wo ich Ihr doch auch schon hab Guttes getan genug?! Was sag'n Se nu doch zu Ihre Mamme, die mer abnemm'n will fünfundzwanzig Mark for ä Stübl, fünfundzwanzig Mark? Gott soll helfen!"

Frau Machschewes schmunzelte, als ihre Tochter sie fragend anblickte. „Du weißt doch Estherche, wie's mit 'm Geld steht, man kann sich nichts bezähm'n for seine alten Tag und nich ä Malbisch* kaufen for sei Kind", murmelte sie mit verstellter Stimme vor sich hin, aber sogleich fügte sie hinzu: „Zwanzig hat er mer schon geboten, der Herr Pufeles. Wir sind Nachbarn aus Krakau und kenn'n uns gut, hat mer oft übers Ohr gehau'n, der gutte Mann, aber mer werd'n schon einig werd'n, leg'n se zwei Mark zu, weil mei Töchterle so bettelt for euch!"

Herr Pufeles griff wieder nach seinem Beutel und schrie laut auf: „Gott soll mer strafen, wenn ich de Rochel Machschewes auch nur um einen Heller betrog'n hätt, als se damals de rotwollnen Unterhosen bei mer gekauft. Mir geht ä Licht auf, jetzt begreif ich, Sie verwechseln mer mit ä anderen, der nicht is so ä gutter Mensch wie ich. Warum soll ich büßen for de Schlechtigkeiten, die begangen hat ä beiser Gannef**? Aber ich bin scho gestraft genug, daß ich reingeraten bin zu euch, wo ihr mir 'n Kopf ab-

---

* Malbisch = Kleid
** Gannef = Spitzbube

schlag' könnt, weil ihr wißt, daß ich als ä Fremder in der großen Stadt auf euch angewiesen bin! Also macht mit mir, was ihr wollt, ich bin da und ich bleib da und mehr als zwanzig kann ich nix zahlen ä Poschet*! Au, was sag'n Se nu doch ä soi zu Ihre Mamme, de gutte Rochel, mei Goldkind, mei Leben?!"

Dem jungen Mädchen war die Handelei widerlich, sie runzelte die Stirn blickte ihre Mutter mit unwirschem Kopfnicken an. Frau Machschewes verstand das Zeichen zu einem raschen Abschluß und freute sich innerlich, durch ihr geschicktes Verhalten den gerissenen Landsmann doch hochgenommen zu haben. Um den Schein zu wahren, murmelte Sie mit verstellter Stimme: „Nu gutt, Esterche, wenn du es so willst, bloß damit du schnell zu Bett kommst, gutt, lege ich noch mehr Geld zu, der Dalles wird noch größer. Meinem Esterche hab'n Se 's zu verdanken, Herr Pufeles, wenn ich sag zwanzig! Nu geh leigen, mei Kind!"

Der Landsmann und neue Untermieter schüttelte verärgert seinen Beutel und erhob sich. „Nu, und wo kann ich mer waschen de Händ?" fragte er trocken. „De Füß auch und den ganzen Pufeles von oben bis unten," erwiderte grinsend die Wirtin, „denkt Ihr, man kennt hier in de Betten steigen, wie in Krakau mit de Borke faustdick?! Ich stelle Euch ä Eimer heißes Wasser in de Stub und das kalte kennt Ihr Euch holen aus de Leitung, und ä gutte Bürst und Seife geb ich Euch auch mit 'nein. Und nu will ich Euch zeig'n das gutte Stübl!"

---

* Poschet = Pfennig

„Macht scho e Zoff*“, murmelte der Ostjude erbittert, als er über den Korridor schritt. „Ma wird sich hier noch verkühl’n bei de miesse Pladderei, ausgerechnet muß ich bei ’ne Leichenwäscherin hineingeraten!“

„Das is mei Zimmer, um das Se gehandelt hab’n ä Stund?“ fragte Herr Pufeles entsetzt, als ihm die Wirtin die kleine Türe zu dem engen Hintergemach öffnete, „und de weißen Gardien’n, von den Se geredd’ hab’n stundenlang?!“

„Noch nich schain genug for den Krakauer Jüd“, murrte Frau Machschewes, „was kann ich davor, wenn Se hab’n ä groß Hintergestell vorn und hinten, daß Se nich reinpassen in de Stub? Und de Gardien? Kiek’n Se nach oben, was is ’n das anders als ’ne Gardien?!“

„Das nenn ich ä Wimpel an de Fahnenstang, das Streif’che da oben. Nu gutt, ich will leigen, laßt mer endlich in Ruh und gebt mer Wasser. Mit de Pladderei werd ich’s machen, wie Ihr mit de Gardinen. Ne schwarzen Jontef** sollt Ihr hab’n alle mitnnand!“

Frau Machschewes zog sich mit ihrer Tochter eiligst zurück und holte Wassereimer, Seife und Bürste, dann begaben sie sich in das gegenüberliegende Vorderzimmer zu Bett. Hier erzählte die Mutter noch eine ganze Weile von Herrn Pufeles aus Krakau, der in seiner ganzen Nachbarschaft als Geschäftslöwe wegen seiner Rücksichtslosigkeit und Geldgier berüchtigt und gefürchtet war.

---

* Zoff = Ende
** Jontef = Feiertag

Der neue Untermieter aber hatte zunächst nichts eiligeres zu tun, als sein Geld in Sicherheit zu bringen. Er verschloß die Türe, holte aus seinen Taschen und dem Inneren des Sackes Bündel von Banknoten aller Währungen hervor, ordnete die Papiere und vernähte sie im Futter seiner Weste, während er zahlreiche Gold- und Silberstücke in verschiedene Beutelchen tat, die er während der Nacht unter sein Kopfkissen versteckte. Mit der großen Reinigung nahm er es weniger genau. Er ging mit dem Wasser so vorsichtig um, als ob er einen besonders kostbaren Stoff vor sich hätte, und während er sich bemühte, die schwarzen Füße wenigstens bis zu einer leidlich grauen Färbung zu bringen, kratzte er sich wütend den Kopf, zumal die kleinen Tierchen aus Krakau unter der Einwirkung des dampfenden Wassereimers anfingen sehr lebendig zu werden. Endlich war er so weit, sich ins Bett begeben zu können, zog die Weste an, die einen Teil seiner Schätze barg, verlöschte das Licht und legte sich hin.

Der Gedanke, von einer Frau übervorteilt worden zu sein, verscheuchte ihm noch lange den Schlaf, und er begann sofort, im Geiste seine Vorbereitungen zu treffen, wie er unter dem Zwange der herrschenden Wohnungsnot durch gute Geschäfte den hohen Mietzins wieder ausgleichen könnte. Und hierzu wollte er sich gelegentlich, wenn alles gut ginge auch die Schönheit der Tochter seiner Aussaugerin nutzbar machen.

Auf demselben Treppenflur hauste als Nachbarin in einer Zweizimmerwohnung und Küche eine Frau Raja Diamant, die früher in Lodz das ehrbare

Gewerbe einer Hebamme betrieben hatte, aber durch die Kriegswellen auch nach Berlin verschlagen war und sich hier durch Vermieten von Schlafstellen kümmerlich ernährte. Diese Frau war ungefähr in demselben Alter wie ihre Nachbarin Machschewes, aber weniger intelligent als diese und mit den Berliner Verhätnissen noch kaum vertraut, da sie erst zwei Jahre hier wohnte, während die Nachbarin schon vor fünf Jahren eingewandert war. Diese Frau Diamant beneidete ihre Glaubensgenossin schon deshalb, weil Frau Machschewes ein Zimmer mehr hatte als sie selbst und es ihr deshalb leichter war, durch Vermieten größere Einnahmen zu erzielen.

Was in der gegenüberliegenden Wohnung vor sich ging, wußte Frau Diamant mit der Schnelligkeit eines Funkspruchs und mit ihr wußte es das ganze Haus.

Und so war es denn nicht zu verwundern, daß Frau Diamant, als sich am nächsten Morgen beim ersten Einkauf ein Teil der Hausbewohnerinnen zur üblichen Zwiesprache an der Haustür zusammenfanden, die interessante Meldung verbreiten konnte, zu später Abendstunde sei ein reicher Jüd bei Frau Machschewes angekommen, der für das kleine Hinterzimmer eine ganz kolossale Miete zahle.

Frau Berthe Butterfaß, die ihrem Namen an Leibesumfang Ehre machte, die Gattin des Schneidermeisters in der Kellerwohnung, war die erste, die Mund und Nase aufsperrte und durch den veränderten Gesichtsausdruck auch sogleich die Frau des Gastwirts in demselben Hause, die durch ihre Küchenarbeit stark vertrocknete Sara Gabel und die

Wirtschafterin des Hausbesitzers Gedalje Chill, die taube und halb verblödete Rosalie Toches, wie durch ein Blinkfeuer heransignalisierte.

Als das Getuschel seinen Höhepunkt erreichte und die zarten Frauenhände zur Unterstützung des Zungenschlags sich so lebhaft bewegten wie flaternde Hühnerflügel, kam auch noch eine christliche Mitbewohnerin des Hauses hinzu, Frau Mathilde Schüßler, die Witwe eines kleinen Beamten, die in der Mansarde Zimmer und Küche besaß, wovon sie das einzige Zimmer an zwei jüdische junge Leute abvermietet hatte. Der Glaubensunterschied war nicht groß genug, die noch größere Neugierde zu unterdrücken. Krampfhaft hielt die alte Frau den Milchtopf in der linken Hand und schob sich mit dem rechten Arm so dicht an die Frau Diamant heran, daß sie mit Befriedigung die neuen Ereignisse noch mehr erfahren konnte, wobei der graue Kopf mit dem spärlichen Ringelzöpfchen in wohlwollende Schwingungen geriet.

Jetzt betrat ein stattlicher junger Mann das Haus, Herr Moritz Feigenbaum aus Posen, der bei seiner Schwester, Gattin des im zweiten Stockwerk wohnenden Rabbinatskandidaten Dr. Benjamin Spekkowski zu Besuch weilte.

Da es dem wohlerzogenen jungen Herrn nicht möglich und wohl auch nicht ungefährlich war, den festen Wall der eifrig disputierenden Frauen zu durchbrechen, faßte er sich in Geduld und wurde so wider Willen ein Zuhörer des weiblichen Parlaments. Dasselbe Schicksal ereilte den einen Untermieter der Frau Schüßler, den 23jährigen Uhrmacher Joel Gewürz. Der junge Mann, der etwas verwachsen, aber sonst von idealer Gesinnung war, kam als Flüchtling aus der Ukraine nach Berlin und hatte nicht nur in diesem Hause, sondern auch in der ganzen Straße viel Unliebsames zu erdulden. Wegen seines stillen in sich gekehrten Wesens und seiner Wortkargheit, hinter der sich ein reiches Gemüt verbarg, nannte man ihn spottweise kurzweg den „Chammer", also einen Narren oder Esel.

Die Geduld der beiden jungen Männer wurde auf eine harte Probe gestellt, denn das Frauenparlament ging von einer Tagesordnung zur anderen über, und wer weiß, wie lange noch das Debattieren gedauert hätte, wenn nicht der Hausbesitzer im Augenblick der höchsten Not erschienen wäre.

Herr Gedalje Chill, ein Mann von 62 Jahren, Pelz- und Juwelenhändler aus Wilna, hatte nach dem russischen Zusammenbruch sein Vermögen noch nach Berlin retten und in diesem Hause anlegen können. Seiner Energie gelang es auch sehr bald, sich bei der stets aufsässigen und an Ordnung nicht gewöhnten Bewohnerschaft seines Besitztums Respekt zu verschaffen.

Kaum war die harte, etwas näselnde Stimme des Herrn Chill vernehmbar, der nicht übel dazwischen fuhr, als die Weiber schrill aufkreischten und auseinanderliefen. Es gab noch ein kurzes Geplänkel, eine Art Rückzugsgefecht mit Schimpfworten herüber und hinüber, aber, was die Hauptsache blieb, der Weg war frei.

Joel Gewürz ging mit seiner Wirtin, der Frau Schüßler, gemeinsam die Treppen hinauf. Hierbei erfuhr er noch ganz warm aus erster Quelle, daß bei Frau Machschewes in der vergangenen Nacht ein reicher Herr, wahrscheinlich der zukünftige Gatte der schönen Esther, abgestiegen sei.

Der junge Mann blieb einen Augenblick stehen und starrte seiner Wirtin ins Gesicht.

„Sie werden ja plötzlich so blaß, Herr Gewürz", fragte die Wirtin unbefangen, „das Treppensteigen wird Ihnen trotz Ihrer Jugend wohl schon recht schwer?!"

Der Uhrmacher erwiderte nichts. Er seufzte tief und ging gedrückt und schweigend zu seinem Zimmer hinauf.

Ein lebhaftes Haus.

Schon nach einigen Wochen war Herr Noa Pufeles aus Krakau nicht mehr wiederzuerkennen. Die heimatlichen Ringellöckchen verschwanden, und das belebte struppige und verfilzte Kopfhaar verwandelte sich unter der geschickten Hand eines Friseurs in eine moderne kurzgeschnittene Tracht. Der ungepflegte Bart fiel dem Rasiermesser zum Opfer, und wer Herrn Pufeles jetzt mit seiner veränderten Physiognomie und in moderner eleganter Kleidung sah, hätte ihn zweifellos für einen Amerikaner gehalten.

Äußerlich verjüngt, elastisch, soweit seine Körperfülle dies zuließ, geistig rege, von bienenhafter Betriebsamkeit, war Herr Pufeles nunmehr ein Mann, der sich in der Berliner Geschäftswelt sehen lassen konnte. Nur mit der Sprache haperte es noch, denn seine galizische Mundart konnte sich dem Hochdeutsch nur sehr schwer anbequemen, sodaß er trotz äußerer Eleganz und sicheren Auftretens schließlich doch immer wieder als galizischer Jüd erkannt wurde.

Die Empfänglichkeit des weiblichen Geschlechts für Äußerlichkeiten zeigte sich auch hier wieder in der Entwicklung seiner Beziehungen zur Frau Machschewes.

In den ersten Tagen nach seiner Ankunft waren sich beide gegenseitig ein Greuel. Man begrüßte sich kaum. Und wenn die Vermieterin das Geld ihres Untermieters nicht gar so nötig gehabt hätte, wäre es ihr am liebsten gewesen, den schmierigen und geizigen Herrn Pufeles aus Krakau nie wiederzusehen.

Das alles änderte sich mit der äußeren Wandlung des Galiziers, und je mehr äußerlich von seinen heimatlichen Bestandteilen der europäischen Tünche verfiel, desto freundschaftlicher gestaltete sich der Verkehr mit seiner Wirtin und der schönen Esther.

Innerlich freilich war sowohl mit Herrn Pufeles, wie auch mit Frau Machschewes, geistig und ethisch keinerlei Veränderung eingetreten. Beide blieben das, wozu ihre Heimat und die jahrhundertelange Isolierung sie erzogen oder gezüchtet hatte: materiell gerichtete Menschen, die nur im Geldbesitz das allein zu erstrebende Glück suchten, denn mit dem Gelde ließen sich ihrer Ansicht nach alle Freuden des Lebens käuflich erwerben.

In dieser Beziehung also waren die beiden Landsleute gleich geartet und es fragte sich nur, wie der eine von dem anderen nach derselben Tendenz die größtmöglichen Vorteile erringen könnte.

Frau Machschewes witterte sehr bald, daß das weltmännische Auftreten des Herrn Pufeles mit guten Geschäften zusammenhängen müsse. Und da es sie reizte, von dem gerissenen Landsmann zu lernen und sich in größeren Gelegenheitsgeschäften zu erproben, suchte sie einen engeren Anschluß. Und der

Hausgenosse, der den Gedanken noch nicht aufgegeben hatte, aus der schönen Esther ein beträchtliches Kapital herauszuschlagen, hatte den gleichen Wunsch, wenn auch aus anderen Beweggründen.

Die Gelegenheit zur Erfüllung des beiderseitigen Verlangens bot das Chanukafest, das jüdische Weihnachten.

Alle Juden, ob verheiratet, verwitwet oder Junggesellen, haben das Bestreben, die Feiertage im Familienkreise zu verbringen. Und so fanden sich Herr Pufeles, Frau Machschewes und die schöne Esther zu einem Festessen am Vorabend der Chanukatage zusammen.

Das Tischgespräch drehte sich zunächst um religiöse Dinge, weil der Gast in Vertretung des Hausvaters die vorgeschriebenen Gebete zu verrichten hatte. Bald aber streifte die Wirtin geschäftliche Fragen und lockte so allmählich ihren Landsmann auf das Gebiet ihres persönlichen Interesses.

Nach dem üppigen Mahl und bei fettem Kuchen und dampfendem Tee wurde Herr Pufeles immer redseliger und plauderte seine Geschäftsgeheimnisse ganz unbefangen aus.

„Nu seh'n Se, meine liebe Frau Rochel", sagte er listig lächelnd und mit einem starken Einschlag von Anmaßung, „Sie sind ä gutte Hausfrau und ä kluge Person, alle Ehr', aber ä Geschäftsfrau werd'n Se nischt werd'n, dazu fehlt Ihn'n der männliche Verstand, wie Se seh'n in mir. Do renn'n de Leit herum und plag'n sich ab, und de Ponimmer* werden immer länger und hagrer, und sie verdien'n knapp 's

---

* Ponimmer = Gesichter

trockne Brod. Da seh'n Se mir an, den Pufeles! Ich renn' nich und ich racker mer nich ab und doch hab ich mehr als de andern Leit zusamm'n. Das kommt daher, weil der Pufeles sich versteht umzustell'n, grad auf de Zeit, was wird verlangt. Gehandelt hab ich in Krakau mit allerlei alte Kleider und hab de Lumpen geschleppt wie ä Packesel. Dann hab ich gesessen mit meine Ische und wir hab'n die Fettflecke und den anderen Dreck herausgerieben und gewaschen und gebügelt und hab'n de Sachen, wenn's ging, verkinjet* wie neu. Hab ich verdient ä scheen Stück Geld. Und Pufeles, der nich is auf'm Kopp gefallen, hat sich hingestellt und hat gesammelt de Gelder in Papier, Gold und Silber von alle Länder, weil ich hab gewußt, nach dem Krieg wird kommen ä Zeit, wo das Geld wird haben ä größeren Wert von de Länder, die hab'n gesiegt; und von de andern, die sind unterlegen, wird's Geld in Papierche sein wie de Spreu im Wind. Und so bin ich geworden ä Mann, der sich ernährt hat von de Valuta. Wissen Se was ä Valutamann is. Nu, ich werd's Ihn'n sagen! Ä Valutamann kauft de Papierche, wenn se steh'n schlecht und er verkauft se, wenn se steh'n gut. Bloß de Kunst is, zu wissen, wie mans machen muß, um de Papierche zu Fall zu bringen. Und das tut man ä soi, indem man die heimischen Papierchen ins Ausland bringt. Kommt zu viel von der Sorte auf de Börs zum Verkauf, fällt das Papierche immer mehr und ich kauf se dann hier billiger, als ich se hab verkauft. Und ä soi macht' ich's mit alle Länder. Und wo ich kriegen konnt' ä Goldstück

* verkinjet = verkauft

oder ä Silberling kauft ich und zahlte de höchsten Preis, denn es gibt Länder, wo man zahlte das Zehnfache mehr. Und ich kaufte auch Bruchgold und Silbersachen, was mer grad gekommen war unter de Händ. Alles ging über de Grenz. Und do liegt de wunde Stell, denn de meschuggenen Regierungen haben verbotten de Ein- und Ausfuhr. Aber was tu ich mit dem, was mer so ä Parlament hat verbotten, wenn ich seh, daß Gott mer zeigt den Weg, wie ich kann komm'n zu Neschiris*!

Herr Pufeles machte eine kleine Pause, während er sich zugleich an einem dicken Stück Kuchen und einer Tasse Tee ergötzte.

Frau Machschewes saß nachdenklich da und seufzte. Sie hatte zum ersten Mal in ihrem Leben erkannt, daß es Geschäfte gibt, die eine Frau nicht ausführen könnte. Besonders gefährlich erschien ihr die Übertretung der gesetzlichen Verbote und die Ausfuhr der edlen Metalle und Wertobjekte. Deshalb fragte sie mit einer gewissen Ehrfurcht vor dem tapferen Landsmann: „Und da hab'n Se keine Angst gehabt um Ihr Leben, wenn Se wie ä Schmuggler mit de Ware über de Grenze ging'n?"

Pufeles lachte hell auf.

„Nu, mein'n Se wirklich, Frau Rochelleben, daß ich werd so dumm sein, meine scheene fette Haut zu Markt zu trag'n?" erwiderte er, schlau mit den Augen zwinkernd, „dazu hab ich gehabt meine Chaweirim** im Auslande, die alle 14 Tog nach Deutschland kamen und mit mir Chawrusse*** machen, Verlust und

---

* Neschiris = Reichtum
** Chaweirim = Genossen
*** Chawrusse = Gemeinschaft, Kompagnie

Gewinn hier und drüben auf Chawrusse. Und jenne Bochers* kamen und gingen über de Grenz, weil se sind Untertan von de siegreichen Länder und de Zollbeamten, die alle Deutsch'n visetier'n bis auf'm Nabel, zieh'n vor jenne Bochers de Mütz und sag'n pardon, monsieur!"

Die geschäftseifrige Wirtin schien wieder Mut zu fassen, denn sie meinte, solchen Handel könnte sie jetzt noch betreiben, wenn sie geeignete Helferinnen im Auslande fände. Erst vor einigen Tagen hätte sie Gelegenheit gehabt, von einer alten Frau, der sie im Grünkramladen begegnete, Bruchgold billig zu kaufen.

Herr Pufeles schmunzelte bedächtig, als er seine Gastgeberin so selbstbewußt reden hörte. Er wiegte den Kopf hin und her, zog die Stirn in Falten und sprach gedehnt: „Tscha, Frau Rochelleben, so leicht is de ganze Sache nämlich doch nich. Zunächst müssen Se wissen, wie hoch steht das Gold hier und was man zahlt im Ausland. Alles muß gelernt sein. Wie Sie versteh'n aus ä Gans zu machen zwanzig Portioncher und ä Topp Schmalz und ä Schüssel Grieben, so versteht der Pufeles zu lesen de Kurs von de Börse. Und so lang Se nischt wissen von ä solche Bankgeschäfte, lassen Se de Händ davon und handeln Se lieber mit Unterröck. Ich geb Ihn'n wirklich ä gutten Rat aus alter Freundschaft und weil ich gemerkt hab heint, daß Se was versteh'n von de gutte Küch, denn aufrichtig gesagt, geschmeckt hat mer's heint einfach prima. Aber, wenn's ä bissel mehr gwes'n wär, hätt's nischt geschad't!"

---

* Bochers = Männer

Frau Machschewes schwieg und der eßfreudige Gast widmete sich einige Minuten behaglicher Verdauung.

Sein Blick fiel auf Esther, die sich während der Unterhaltung in eine illustrierte Zeitschrift vertieft hatte. Und sofort schoß ihm ein Gedanke durch den Kopf. Endlich hatte er den Ausgangspunkt seines großen Plans gefunden. Das noch vor einer Minute so selbstzufriedene Gesicht des Galiziers bekam plötzlich etwas Teuflisches. Die Augenwinkel reckten sich in die Höhe, die Nase wurde noch spitzer als sie schon war, und die schmalen Lippen zogen sich zu einem breiten Grinsen auseinander, als er, jedes Wort vorsichtig abwägend, die Unterhaltung mit seiner Wirtin wieder aufnahm.

„Wie gesagt, Frau Rochelleben, alles muß gelernt sein," sprach er im Tone eines Dozenten, aber an dem Zittern der Mundwinkel konnte man doch erkennen, daß etwas Besonderes in ihm vorging, „und wenn auch der gutte Wille da is, und man möcht gern, sobald der Mensch in de gewisse Jahre kommt, ist's nischt mehr mit's Lernen. Was man da nich kann, geht nich mehr rin in'n Kopp. Ich hab mer von Jugend auf interessiert for de Börs, wo mei Tate* selig hat gestanden vor de Tür und hat gehandelt mit wollne Socken und Fischblasen, und als ich gekonnt lesen jiddisch und deutsch, hab ich gleich gegriffen zu de Kurse. Nu sehn Se, Frau Rochelleben, wo de Fehler stecken, die nischt mehr nachzuholen sind. Aber das schad't nischt. Was Sie nich gelernt hab'n, das kann lern'n er anderer for Ihn'n

---

* Tate = Vater

und so könn'n Se doch kommen zu ä Neschiris, ohne sich abzurackern. Und wemmen hab'n Se alles zu verdanken?! Dem gutten Freund Pufeles, der sich's Köppche zerbrochen hat, wie er aus Ihn'n könnt machen ä Kazinite*!"

Der schlaue Galizier hielt bewußt inne, um die Wirkung seiner Rede abzuwarten.

Frau Machschewes hatte aufmerksam zugehört. Sie war gespannt auf die erwarteten Vorschläge und fühlte sich jetzt enttäuscht, nichts anderes gehört zu haben, als ihrer Ansicht nach ein müßiges Geschwätz. Deshalb starrte sie den beredten Tischgast an, und als dieser noch immer schwieg, sagte sie etwas nervös: „Nu, alter Freund, was tu ich mit euerm Geschmuß. Se mach'n mer 'n Mund wässrig und als ich zuchappen will, zieh'n Se mir de Pastete weg vor de Nos. Wer kann lern'n vor mir, wenn ich nebbich for nix mehr bin zu gebrauch'n?!"

Pufeles grinste satanisch und löffelte anscheinend gleichgültig in seinem Teeglas.

„Se hab'n mer bloß nich ausredd'n lass'n, Frau Rochelleben", schmunzelte er mit pfiffiger Miene, „grad wollt' ich's Ihn'n sag'n aber beinah hätt'n Sie selbst 's erraten könn'n. Schau'n Se nur Ihr Töchterche an, die hat noch ä klaren Kopp zu lern'n, wenn Sie se ä halbes Jahr ins Ausland schick'n, wo se studier'n kann in ä große Bank. Und ich will noch ä Besonderes tun for Ihn'n, weil ich heint bin gewes'n Ihr Gast und es hat mer geschmeckt ganz ausgezeichnet wie im feinsten koschern Restaurant in Krakau, und wenn's beliebt will ich dem lieben Mai-

* Kazinite = reiche Frau

delche verschaff'n ä gutte Stell, wo se noch derzu verdient ä Stück Geld in ausländische Devisen und sich nischt langweilt wie zu Haus bei de Mamme!"

Frau Machschewes mußte wohl ein recht verblüfftes Gesicht gemacht haben, denn der Galizier versenkte seine Nase in das Teeglas, um dem forschenden Blick der gegenübersitzenden Mutter der schönen Esther zu entgehen. Aber die inneren Vorgänge, die zu dem erstaunten Aussehen der geldgierigen Frau führten, waren ganz anderer Natur, als Herr Pufeles annahm; die materiellen Neigungen dieser echten Galizierin überwogen nämlich bei weitem die natürlichen mütterlichen Instinkte. Und die Frau, die jahrzehntelang von dem Waschen toter Menschenleiber ihr Dasein fristen mußte, konnte in ihrem Lebensherbst ohne Gemütsregung über Leichen schreiten, wenn sich ein Ausblick bot für Geld und wieder Geld und ein genußreiches, beschauliches, wenn auch nur kurzes Erdenwallen. Ihr Erstaunen war also gleich bedeutend mit plötzlicher Erleuchtung: ein berauschender Ausblick in die Zukunft.

Der gewissenlose Tischgast hatte noch keine Ahnung, daß ihm seine Arbeit so leicht gemacht werden würde und daß sein Wurf so sicher glücken sollte, er hätte sich sonst nicht weiter schweigsam verhalten, sondern mit gewohnter Geschäftsenergie den Abschluß sofort getätigt. Er hielt es auch für unklug, nur ein einziges Wort über das Thema zu verlieren, bevor nicht die Mutter des Mädchens zu dem Plan in irgendeiner Weise Stellung genommen hätte.

Frau Machschewes hatte ihren Entschluß aber bereits gefaßt und war nahe daran, mit ihrem Landsmann die näheren Einzelheiten des Unternehmens zu besprechen, als ein plötzliches Ereignis die weitere Unterhaltung der ebenbürtigen Partner jäh verhinderte.

Vom Treppenaufgang her klang ein entsetzliches Hilfsgeschrei herüber. Man hörte deutlich klatschende Schläge, das dumpfe Fallen eines menschlichen Körpers und jämmerliches Kreischen. Dazwischen kläglich wimmernde Kinderstimmen und den rollenden Baß eines tobenden Mannes, dessen unartikuliertes Gebrüll, Schimpfen und Fluchen das altersschwache Gebäude wie ein Gewittersturm erzittern machte.

Im Augenblick war das ganze Haus alarmiert. Die meisten Bewohner und Bewohnerinnen hatten sich schon zur Ruhe begeben und kamen nun in den merkwürdigsten Notbekleidungen die Teppen hinauf oder heruntergelaufen. Die jüdischen Frauen hatten keine Zeit mehr gefunden, ihre Nachthauben mit den Scheiteln zu vertauschen, sie warfen sich der Kälte wegen in ihre Wintermäntel, unter denen das oft unerfreulich farbige Nachthemd wie ein Ballkleid im Batikstil recht schamlos herauslugte. Und die ausgetretenen Filzpantoffeln in Verbindung mit den Nachthauben trugen das Ihrige dazu bei, dem dramatischen Vorgang ein ungewollt komisches Gepräge zu geben.

Die Frau des Metallarbeiters Kunze, der im dritten Stockwerk wohnte, lag blutüberströmt auf dem Treppenpodest, und während die fünf Kinder im Alter von 3–9 Jahren laut schreiend auf der Mutter lagen, um sie vor weiteren Gewalttaten ihres Vaters zu schützen, hieb der entmenschte Gatte solange auf seine Fraue ein, bis der Assessor Erich von Niemßdorf, der bei Kunzes wohnte, und Moritz Feigenbaum den tobenden Arbeiter von seinem ohnmächtigen Opfer gerissen hatten.

Joel Gewürz und sein Stubengenosse Leib, genannt Leo Pflaumenhaft, waren mit ihrer Wirtin, der Frau Schüßler, auch herbeigeeilt und den vier jungen Männern gelang es, Kunze in eine Ecke zu drängen und ihn solange festzuhalten, bis er sich zu beruhigen anfing.

Inzwischen hatten sich die Frauen um Frau Kunze bemüht und die Ohnmächtige durch herbeigeschaffte Medikamente wieder zur Besinnung gebracht.

Unter den Anwesenden befanden sich außer dem Rabbinatskandidaten Dr. Speckowski, dem Schwager des Moritz Feigenbaum, noch zwei Straßendirnen, die 26jährige Luise Schnalzer, die in dem Stadtviertel unter dem Spitznamen „Die Dollarrieke“ bekannt war und die 35jährige Anna Breitbach, die den Spitznamen „Die Schnutengräfin“ führte. Beide hatten gegenüber der Kunzeschen Wohnung ein gemeinschaftliches Heim von zwei Zimmern und Küche. Im Hause selbst hatten die beiden Frauenzimmer bisher noch nicht von sich reden gemacht und niemand kümmerte sich um sie. In ihren Kreisen aber galten sie als keß und verwegen. Die Schnalzer bekam ihren Spitznamen, weil sie während der Inflation vorwiegend Männer einzufangen suchte, die ihre Huld mit Dollarnoten oder mindestens mit anderen ausländischen Zahlungsmitteln zu entlohnen vermochten, aber sie tat es auch billiger und scheute sich nicht, den einfachsten Arbeiter mitzunehmen. „Die Schnutengräfin", die in ihrem Geschäftsbetrieb keine besonderen Bedingungen hatte und die deutsche Mark für durchaus ebenbürtig hielt, führte ihren Spitznamen insofern nicht mit Unrecht, als sie bemüht war, sich mit ausgesuchter Eleganz zu kleiden und als vornehme Dame aufzutreten, und da sie glaubte, daß das Mundspitzen zum guten Ton gehöre, machte sie in den Augenblicken, die ihr wichtig genug schienen als Aristokratin zu gelten, eine regelrechte Schnute.

Als Frau Kunze sich erhoben hatte und unter den Anwesenden auch die Schnalzer erblickte, verfiel sie in einen hysterischen Weinkrampf und überschüttete die Dirne mit einer Flut von Schimpfworten und Vorwürfen, die vor der ganzen Versammlung zum Ausdruck brachten, daß das Frauenzimmer ihren Mann ins Garn gelockt und ihm jedesmal fast den ganzen Wochenlohn abknöpfte, sodaß sie mit ihren Kindern verhungert wäre, wenn sie selbst, so krank sie auch sei, in den letzten drei Monaten nicht die Kraft aufgebracht hätte, nächtelang für ein bißchen Brot und Margarine zu nähen. Jetzt sei sie aber erschöpft und könne nicht mehr arbeiten. Und als sie ihrem Manne heute abend Vorwürfe gemacht habe, weil nicht einmal ein Stückchen Holz zum Feuer anmachen mehr im Hause gewesen, da habe der Wüterich noch dazu auf sie eingeschlagen. An all diesem Unglück und dem Elend der unschuldigen Kinder sei nur die Schnalzer schuld, die öffentlich gelyncht werden müßte.

Während der eine Teil der Bewohnerschaft die erregte Frau zu beruhigen versuchte, geriet der andere Teil, vorwiegend der weibliche, nun ebenfalls in Wallung und es hagelte Schimpfworte, Verwünschungen und Drohungen auf die Dirne nieder. Der Hausbesitzer Gedalje Chill ließ sich sogar zu der Äußerung hinreißen, daß er sein Grundstück sehr bald von den unlauteren Elementen säubern werde.

Jetzt trat auch die Breitenbach auf den Plan, denn die Gefahr, in der sich ihre Freundin gegenwärtig befand, drohte auch sie in Mitleidenschaft zu ziehen. Mit ihrer verrosteten Stimme keifte sie daher in die wild bewegte Schar der Männer und Weiber hinein:

„Wat de Kunzen euch Dösköppe erzählt, is allens Schwindel, aber ihr jlobt der Zicke mehr als uns, weil se mit ihr Jeflenne und de schwindsüchtije Fisaje an de Rührtrommel kloppt. Wir verdien'n unser Jeld uff ehrliche Weise und hab'n den Kunzen sein Wochenlohn nich nötig. Ihr fettjefressenen Weiber aber könnt de Futterluke weit uffreißen, weil eure Männer euch ernähren, sonst müßtet ihr alle ooch uff'n Strich jehn, wie wir . . .!" Ein einstimmiges Geschrei aus allen weiblichen Kehlen folgte, und Hände, mit Pantoffeln bewaffnet, reckten sich aus, um der Sprecherin mit Nachdruck den losen Mund zu schließen.

Die Breitenbach wich einige Treppenstufen zurück und zog ihre Freundin nach sich, um von diesem kleinen Vorsprung aus den Angriff noch einmal zu wagen. Am ganzen Leibe zitternd, kreischte sie den nachdrängenden Frauen entgegen: „Ihr dreckijet Jesindel, verjreifen wollt ihr euch an uns?! Kommt bloß ran, ihr fettwamstijen Säue, euch kratzen wir de Fassaden runter, det ihr aussehn sollt, als ob ihr mits Jesicht uff'm Plättbrett jesessen!“

Noch wilderes Geschrei als vorher folgte, und die Kampflust der Weiber steigerte sich dermaßen, daß eine allgemeine Schlägerei loszubrechen drohte.

In diesem kritischen Augenblick hielt es der Rabbinatskandidat Dr. Speckowski für seine Pflicht, als Friedensstifter aufzutreten. Er zog sich an dem Treppengeländer etwas in die Höhe, stellte sich auf die Zehenspitzen, reckte den Hals so hoch als er es vermochte, um von allen Seiten gesehen zu werden und hielt in dem gleichen salbungsvollen Ton, als ob er auf der Kanzel einer Kleinstadtsynagoge stände, folgende Ansprache:

„Meine verehrten Anwesenden! Ein unliebsamer Vorfall hat uns an dieser Stelle zusammengeführt und wir sind Zeugen gewesen von den Leiden einer unglücklichen Frau und den Verirrungen eines Ehegatten und Vaters. Unser Gott und Herr, der alleinige Herrscher im Himmel und auf Erden, wird in seiner ewigen Gerechtigkeit den lindernden Balsam finden für die leidende Familie, denn auch die Verirrung und Verblendung des Gatten ist ein Leiden der Seele dieses sonst so guten Mannes, und wir wollen beten, daß der Herr ihn erleuchte und genesen lasse von seinem Wahn, damit er der Gattin in Liebe als Versorger und den Kindern in Treue und Herzlichkeit als Vater wiedergegeben werde. Euch allen aber rufe ich zu: richtet nicht, damit ihr nicht selbst gerichtet werdet, zeigt euch eures Menschenantlitzes würdig und seid einig, einig im Frieden und in Nächstenliebe. Und so geht denn zu euren . . .!“

Weiter kam der Gelegenheitsprediger nicht, denn von dem unteren dunklen Treppenteil tönte ein Poltern und brummiges Stimmengewirr herauf, aus dem in kurzen Abständen nur das lallend herausgestoßene Wort: Hal – le – lu – ja! vernehmbar war.

Und bald darauf taumelte in Zickzackbewegungen eine breitschultrige Gestalt mit rohem Gesicht, der echte Typus eines Säufers, herauf und brach sich mit dem Rufe: „Nu macht man keen'n Klamauk!" gewaltsam Bahn durch die versammelte Bewohnerschaft.

Die kurze Predigt mit dem unerwarteten Abschluß hatte die erhitzten Gemüter sehr schnell besänftigt, sodaß die Versammlung sich rasch auflöste. Nur die neugierige Frau Diamant konnte nicht umhin, den Hauswirt zu fragen, wer dieser Trunkenbold und abschreckende Mensch denn eigentlich gewesen sei.

„Das ist der Arbeiter Hugo Schramm", erwiderte Herr Chill, „sonst ein ganz anständiger Mensch, der seine Miete immer pünktlich bezahlt. Er wohnt oben allein in einer Mansardenstube und kommt niemandem zu nahe. Ich wünschte, alle Mieter wären so ruhig wie dieser. Gut Nacht, Frau Diamant!"

In der Gabel'schen Kneipe.

In der Gastwirtschaft, die sich im Hause des Herrn Gedalje Chill befand, herrschte Hochbetrieb.

Hinter dem Schanktisch stand der Besitzer Wolf Gabel, in Miene und Haltung einem militärischen Befehlshaber gleichend, und kommandierte und verkaufte mit Würde und Behändigkeit. Die Uniform, die diesem General etwas salopp auf dem Leibe hing, trug noch deutlich die Husarenschnüre einer Morgenjacke aus Kameelhaar. Sonst aber mochte Herr Wolf Gabel, ein kräftiger blonder Mann in den fünfziger Jahren mit hochgezwirbeltem Schnurrbart an einen preußischen Unteroffizier aus der Vorkriegszeit erinnern. Niemand hätte vermutet, daß der Inhaber der Kneipe aus Lemberg stammte und vor etwa 8 Jahren, als er zum ersten Male das spärliche Licht der Grenadierstraße erblickte, mit ebensolchem Kaftan einherging und die gleichen Ringellöckchen trug, wie sein Landsmann Pufeles und die heute europäisch frisierten und angezogenen Gäste seines Lokals zur Zeit ihrer Einwanderung.

Die im Hochparterre gelegenen Räume waren ebenso eng und düster wie die übrigen Baulichkeiten des Hauses. Die ganze Wirtschaft bestand eigentlich nur aus einem mittelgroßen Gastzimmer, zu dem man über dem Treppenaufgang von der Straße aus gelangte. Hieran schloß sich ein schmales Billardzimmer und von dem ersten Raum zweigte sich dicht am Schanktisch ein enger und kurzer Korridor ab, von dem man rechts in die Küche ging. Da dieser Raum also eine gemeinschaftliche Mauer mit der Wand hatte, an der sich das Regal mit den Schnapsflaschen befand, so vermittelte eine Öffnung den Verkehr zwischen dem Gastwirt, der hier seinen dauernden Standort hatte, und der Küche. Am Ende des kleinen Korridors, knapp zwei Meter vom Gastzimmer entfernt, lag der Abort, durch einen schadhaften Glühstrumpf dauernd spärlich beleuchtet und in seiner Beschaffenheit ekelerregend, denn die langgezogenen Flecke an den Wänden protestierten hier in drastischer Weise gegen die Papiernot.

Von der anderen Seite des Schanktisches aus, gegenüber dem Eingang, führte gleichfalls ein schmaler und dunkler Korridor zu einem Raum von wenigen Metern im Geviert und ebenfalls dauernd von einer Gaslampe beleuchtet. Hier saßen des Abends, und auch wohl zu mancher Tageszeit, die Spieler in drangvoller Enge.

Das Personal der Kneipe bestand in einem schwarzhaarigen Kellner mit ehemals weißer Jacke und einem blonden jungen Mann mit schmaler Hakennase, der sich stets zur Verfügung des Chefs hielt und seinen Platz an der Ecke des Schanktischs nur verließ, wenn er die durch die Küchenöffnung verabfolgten Speisen auf die Tische stellte. Der andere jüdische Ganymed, der viel intelligenter aussah, versorgte das Spielzimmer und bildete offenbar eine Art Wachtposten, da er seinen Platz auf dem Korridor, der das verborgene Kämmerchen von dem Gastraum trennte, nur verließ, wenn er Speisen und Getränke vom Schanktisch holen mußte.

An dieser Stelle aber wurde nicht wie in einem anderen Berliner Restaurant gespeist. Es fehlte Tischtuch und Gedeck. Auf dem Schanktisch befand sich entweder ein Rinderbraten oder eine Gans. Das Fleisch wurde beim Rind nach Portionen, bei der Gans nach Achtel- oder Viertelstücken verkauft. Dazu eine Scheibe Brot. Nur selten ließ sich ein kultivierter Gast Messer und Gabel reichen, die anderen bemühten sich im Umhergehen oder Stehen Fleisch und Brot aus den Händen möglichst schnell zu verschlingen. Ferner stand eine Platte auf dem Schanktisch, die Schnitten mit Gänseschmalz bestrichen oder noch mit Fleisch belegt enthielt. Wer Appetit verspürte, sich das wohlschmeckende Gericht einzuverleiben, griff herzhaft zu und langte sich die begehrte Anzahl Schnitten heraus. Die Gäste schienen besonders vertrauenswürdig zu sein, denn niemand bezahlte gleich was er verzehrte, auch wurde nichts angeschrieben. Erst beim Fortgehen beglich jeder die Rechnung nach seinen eigenen Angaben.

Als Getränk wurde vorwiegend Tee mit einer Zitronenscheibe verabfolgt und kochend heiß getrunken. Der Verbrauch von Bier und Schnaps war gering, aber trotzdem erinnerte ein Vierundneunziger, also fast reiner Alkohol, der vielleicht in Großberlin nur an dieser Stelle zu haben war, an die russische oder polnische Heimat.

Die warmen Speisen, die hier verabfolgt wurden, zeichneten sich durch die Größe der Portionen aus. Nächst Gans, Rind und Klops waren es die besonderen jüdischen oder polnischen Gerichte, die bei diesen Gästen eine freundliche Aufnahme fanden, wie mit Mehl gefüllte Därme oder mit Blutgerinsel und Semmeln gefüllte Milz. Alles schmackhaft und pikant, mit Beigabe von Kartoffeln und sauren Gurken. Die Kostenfrage spielte keine Rolle. Es gab weder Speisekarten, noch bat ein Gast um vorherige Angabe des Preises. Eine schwarze Tafel an der Wand, die, mit Kreide geschrieben, in deutscher Sprache die Tagesgerichte nebst den Preisen angab, fand wenig Beachtung, da wohl nur ein geringer Teil der Gäste deutsch lesen konnte. Hier und da hing auch ein gedrucktes Plakat in hebräischen Buchstaben.

Was dieser Kneipe ein besonderes Gepräge gab, war nicht nur die Schnelligkeit, mit der die Gäste bedient wurden – eine fast militärische Disziplin –, sondern vor allem die Unruhe, die hier herrschte. Die wenigen Tische waren besetzt und der größte Teil der Besucher lief fast ständig hin und her, den Hut natürlich auf dem Kopf, denn niemand fiel es ein, die Bedeckung abzunehmen. Alles sprach, schrie und gestikulierte. Und aus dem verborgenen Spielzimmer drang näselndes Gesinge herüber.

An einem Tische sitzt Herr Pufeles und verhandelt mit zwei jungen Leuten, die Silbergeld, Gold und ausländisches Papiergeld vor sich liegen haben. Es wird probiert und gefeilscht. An anderen Tischen stecken die Gruppen ihre Köpfe zusammen, so daß man nicht sieht, womit sie sich beschäftigen. Wieder andere spielen Karten, aber sie tun dies in so geheimnisvoller Art, daß man sofort erkennt, es handle sich um verbotene Glücksspiele.

Das Geschäft ist schwierig, denn alle sind ausnahmslos gerissene Leute, auch die jungen Männer, die mit einem Pufeles zu tun haben, lassen sich sogar von diesem nicht übertölpeln. Schließlich kommt aber wenigstens nach hartem Kampf und vielfachem Anrufen Gottes ein teilweiser Abschluß zustande.

Nach der anstrengenden Arbeit trat eine kleine Ruhepause ein, denn alle Beteiligten waren etwas erschöpft und holten sich zur Kräftigung eine Anzahl Schmalzstullen mit Gänsefleisch vom Schanktisch. Herr Pufeles goß ein Glas heißen Tees hinunter. Dann winkte er die beiden Geschäftsfreunde näher an sich heran und sagte halblaut, aber doch so, daß es die Nachbarschaft noch verstehen konnte: „Ich kenn' noch ä bessere Ware als Gold und Silber; wozu muß man machen Geschäft mit totem Inventar? 's Lebendige ist mer lieber. Wenn ihr wißt ä hibsche Nekaiwe*, die nischt zu fragen hat nach ihre Mischpoche** und die sich, so Gott will, verschikken läßt ins Ausland, könn'n wer alle verdien'n ä Zach Geld***!"

Die jungen Leute schauten sich gegenseitig etwas verlegen an, denn sie wußten zunächst nicht, um was es sich in Wirklichkeit handelte, bis der eine von ihnen erwiderte: „Was kennt ihr schon groß ver-

---

* Nekaiwe = Mädchen
** Mischpoche = Familie
*** Zach Geld = viel Geld

dienen, wenn ihr so ä arme Nekaiwe ä Anstellung verschafft im Ausland. Und solche Engagements liegen heint auch nich auf de Straß!“

Pufeles verzog seinen Mund zu einem breiten Grinsen, rückte noch näher an die jungen Männer heran und antwortete mit überlegenem Lächeln: „Was seid ihr nebbich doch für Chammers*! Wie heißt ä Engagement? Werd ich nemmen nich ä Poschet** von de Moad, so wahr mer Gott helfe, nich ä Poschet. Jenner soll zahlen, dem ich se schick’, und die Leitchen sein nich knausrig, uff ä Tausender mehr oder weniger kommt’s nich an!“

Der junge Mann schien noch immer nicht bekehrt. „Redden Se doch nich so ä Stuß“, warf er ungläubig ein, „wenn Se schon finden for de Mäden ä gutte Stell und jenner bezahlt in de Tausende, woher könn’n Se wissen, daß den Mäden gefällt de Arbeit?!“

Pufeles machte ein ironisches Gesicht und wiegte den Kopf hin und her, als er mit Nachdruck und bezeichnender Gebärde herausplatzte: „Arbeit werden de Mäden keine haben, darüber nemme ich jedde Garantie. Und verdienen soll’n se noch ä Zach Geld bei dem Vergniegen, das se sich selbst und den – – Mannsleiten verschaffen. Nu werd’t ihr doch haben begriffen, ihr Parrachköpp?!*** Oder soll ich daitsch mit euch redden und sag’n, daß ich se schick’n werd’ in ä Püffche****?!“

„Äsoi!“ riefen die beiden jungen Männer gedehnt

---

* Chammers = Esel
** Poschet = Pfennig
*** Parrachköpp = Lausejungen
**** Püffche = Puff, Bordell

aus, „asoi, das hätt'n Se soll'n gleich sagen. Wer kann annehm'n, daß ä so bekoweter* Jüd, wie Sie und ä Kozen** wie Sie, handeln will mit Menschenfleisch!"

Der Galizier wollte noch etwas erwidern, aber Pflaumenhaft, der sich soeben zwei Schnitten geholt hatte, setzte sich an den Tisch, um das Glas Tee, das er in der Hand hielt, mit Ruhe auszutrinken. Er hatte den letzten Teil der Unterhaltung deutlich gehört und war innerlich tief entrüstet über das Geschäftsgebahren seines Landsmanns und Glaubensgenossen, den er für einen respektablen Großkaufmann hielt. Im übrigen war er wegen seiner Armut gewohnt, nicht als vollwertig zu gelten, und der Zwang der Not, jedem seine Arbeitskraft zur Verfügung zu stellen, brachte es mit sich, daß er mit allen gute Freundschaft hielt und seine eigene Meinung nie zum Ausdruck brachte. Nur, wenn er mit seinesgleichen zusammen war, also mit Arbeitern und Handwerkern, dann wurde er redselig und spielte nicht selten sogar die Rolle eines Agitators. Dies kam daher, weil der jetzt 28jährige Mann als russischer Kriegsgefangener mit Nihilisten und Bolschewisten lange Zeit in Konzentrationslagern zusammen war. In einem Vorort von Warschau hatte er sich früher als Kutscher betätigt und ernährte sich jetzt als Gelegenheitsarbeiter, wobei ihm seine vielfache Geschicklichkeit sehr zustatten kam.

Die zahlreichen Frauen, die in dem Lokal wie auf

---

* bekowet = anständig
** Kozen = reicher Mann

der Promenade hin und her gingen, waren zumeist Gattinnen der Spieler im Hinterstübchen. Aber auch andere Weiber waren dort. Teils solche, die der leiblichen Genüsse wegen erschienen, wenn sie verheiratet waren, in Begleitung der Männer, wie Frau Berthe Butterfaß mit ihrem schmächtigen Ehegesponst, teils wieder Frauen, die Geschäftsverbindungen anknüpfen wollten, wie Frau Raja Diamant, die mit einer Anzahl Geschlechtsgenossinnen eifrig diskutierte.

Die Kleidung der weiblichen Gäste war außerordentlich charakteristisch, ein Gemisch von moderner Eleganz und polnischer Schlamperei. Alle waren barhäuptig, die Frisuren zumeist in Unordnung, sodaß die Haare wirr ins Gesicht und über die mit Perlen und Brillanten behängten Ohren fielen. Einige hüllten sich in kostbare Mäntel aus Pelzwerk oder Plüsch, andere hatten karierte Tücher umgeschlagen, die nur den Oberkörper bedeckten und Röcke aus kostbaren Stoffen zwar, aber beschmutzt, frei ließen. Nach unten hin zeigte sich bei allen gemeinsam das Bestreben, den modischen Launen ihren Tribut zu zollen, denn sie trugen hellfarbene seidene Florstrümpfe und Stöckelschuhe in den neuesten Formen aus Lackleder oder braun, chamoix und mehrfarbig. Diese Eleganz hinderte sie freilich nicht, die triefenden Nasen statt mit dem Taschentuch mit der Hand zu wischen.

Als der eine der jungen Leute am Tische des Pufeles der Frau Diamant, die nach vollbrachter Aussprache ihren Spaziergang durch das Lokal machte, ansichtig wurde, ging er zu ihr heran, um wegen einer

Schlafstelle für einen Freund mit ihr zu verhandeln. Und da ihm bekannt war, daß die Zimmervermieterin einem Gelegenheitsgeschäft nicht abgeneigt sei und viel weiblichen Umgang habe, fragte er sie scherzhaft, ob sie nicht „Mäden" verschachern möchte. Frau Diamant tat sehr beleidigt und wich einen Schritt zurück. Aber in demselben Augenblick trieb sie doch der Handelsgeist und die Sucht nach Gelderwerb dazu, die Bemerkung fallen zu lassen, daß bei solchem Geschäft nicht viel zu holen sei. Gleichsam, um das Gegenteil zu beweisen, zog der junge Mann sie jetzt am Arme an den Tisch des Pufeles und überließ es dem Galizier, sich mit der neuen Partnerin selbst ins Einvernehmen zu setzen. Es dauerte auch garnicht lange, bis er die Frau überzeugt hatte, daß es sich um ein müheloses und gewinnbringendes Unternehmen handele, schon, weil die Zahl derjenigen Mädchen, die bei der gegenwärtigen Wirtschaftslage gern ins Ausland möchten, nicht gering sei.

Frau Diamant war zwar gern dabei, wo es galt, ein Prositchen zu machen, aber sie gehörte doch zu den vorsichtigen Händlerinnen, die in keine neue Sache hineinspringen, ohne vorher alle Möglichkeiten unvorhergesehener Überraschungen gründlich zu erwägen. Und deshalb wies sie darauf hin, daß die geplante Vermittlung an sich vielleicht nutzbringend sein könnte, daß aber die strengen Paßvorschriften und die Grenzüberwachung die Durchführung des Vorhabens illusorisch mache.

Herr Pufeles wehrte lebhaft ab, für ihn gäbe es überhaupt keinerlei bürokratische Schwierigkeiten. Die österreichische Grenze sei früher sogar von Vereinen gegen den Mädchenhandel dauernd überwacht worden und dennoch habe er in jedem Jahre vier Trupps zumeist polnischer Mädchen nach Holland und Argentinien abgeschoben. Es käme lediglich darauf an, daß die begleitenden Vertrauensmänner die Jungfern in Sicherheit wiegten. Und falls es schließlich erforderlich sei, Ausweispapiere und andere Dokumente zu beschaffen, so würde es an geeigneten Helfern hierfür nicht fehlen.

Als die beiden jungen Leute, die jetzt eifrig bei der Sache waren, dies hörten, sprachen sie, wie aus einem Munde, daß sie einen rechtsgelehrten Herrn wüßten, den sie heute Abend schon in der Kneipe gesehen hätten, und der als guter Berater in solchen Fragen bekannt sei. Und der eine von ihnen erhob sich sogleich und ging auf die Suche nach dem Juristen, den er nach wenigen Minuten an den Tisch führte. Es war der Assessor von Niemßdorf, der Untermieter bei Kunze.

Dieser Assessor, ein junger Mann von 25 Jahren, aus guter Familie stammend und glänzend begabt, war infolge seiner Vorliebe für Weib, Wein und Spiel völlig verbummelt und arbeitsscheu geworden. Da er schon verschiedenes auf dem Kerbholz hatte, blieb ihm die weitere juristische Laufbahn verschlossen, und seitdem trieb er sich in den Lokalen des Ghettos umher, wohin ihn der Zufall verschlagen hatte, und lieh seine Kenntnisse und seinen juristischen Scharfsinn allerlei dunklen Machenschaften. Er besorgte auch Ausweise und amtliche Dokumente jeder Art und man munkelte, daß er sie stets persönlich gefälscht habe. Bei dieser gewagten Tätigkeit flossen ihm reichliche Mittel zu, aber ebenso mühelos, wie er das Sündengeld verdiente, warf er es auch mit vollen Händen wieder von sich, so daß er trotz alledem eigentlich nie etwas besaß und immer wieder gezwungen war, sich in neue Schmutzgeschäfte einzulassen.

Pflaumenhaft war inzwischen schon fortgegangen, sodaß die Gruppe alle Knifflichkeiten des Unternehmens ungestört besprechen konnte. Niemßdorf lächelte erhaben, als Frau Diamant und Pufeles, nachdem sie ihre Absicht bekannt gegeben hatten, die Frage an ihn richteten, ob er bereit sei, alle schriftlichen Arbeiten in dieser Sache zu übernehmen und die erforderlichen Dokumente zu beschaffen. Der Assessor erklärte sich nicht nur sofort mit allem einverstanden, sondern versprach auch für die nötigen Anstellungsverträge, konsularischen Empfehlungen und erforderlichen Korrespondenzen zu sorgen. Hierzu aber brauche er eine gewisse Zeit und einen entsprechenden Vorschuß.

Pufeles, der als geriebener Gauner sogleich erkannte, daß man sich eine so gewandte Persönlichkeit wie den Assessor warm halten müsse, überreichte ihm ohne Zögern eine Anzahl Banknoten und erbot sich ferner, ihn für den Rest des Abends als seinen Gast zu behandeln. Der Herr von Niemßdorf ließ sich nicht zweimal einladen. Er bestellte sich ein Viertel Gänsebraten und eine Flasche Wein in Begleitung mehrerer ausgesuchter Schnäpse. Die jungen Leute und Frau Diamant entfernten sich bald, sodaß Herr Pufeles, der selbst kein Alkoholiker war, allein das Vergnügen hatte, sich der kostspieligen Genußsucht seines Gastes zu erfreuen. –

Inzwischen ging es in der Kneipe immer ein und aus wie in einem Taubenschlag, und der Wirt mußte seine Regsamkeit verdoppeln, um die schnelle Bedienung und die straffe Disziplin aufrecht zu erhalten. Jetzt zapft er das Bier in die Gläser, langt in die Küchenöffnung, um warme Speisen und Tee herauszunehmen und mit lautem Kommando dem ihn assistierenden Gehilfen zu überreichen, und in derselben Sekunde verkauft er Zigaretten oder springt an einen benachbarten Tisch, wo neben einer Brotschneidemaschine zahlreiche Brote aufgestapelt sind. Mit einer Schnelligkeit sondersgleichen schneidet er das ganze Brot auf, ergreift die Schnitten mit seinen schmutzigen Händen, springt hinter den Ladentisch, um die dort in dem Augenblick angesammelten Gäste mit der gleichen Fixigkeit zu bedienen, und macht alles selbst und übersieht alles und ist immer auf seinem Platze. Ein außergewöhnlich tüchtiger Mann, der es bald zu wohlverdientem Vermögen gebracht haben wird.

Schon in vorgerückter Stunde kam Familienbesuch: Täubche Melber, jetzt genannt Gertrud, die 26jährige Tochter der Gabel'schen Eheleute, die mit dem 36jährigen Moische Melber, jetzt genannt Max, Besitzer eines Manufakturwarengeschäfts in der Klosterstraße, verheiratet ist. Das Paar, das am Bayrischen Platz wohnt, ist mit ausgesuchter Eleganz gekleidet, und der Herr Gemahl, der sich bemüht, den vornehmen Herrn zu spielen, ließ unschwer erkennen, daß er sich unter diesen Gästen nicht heimisch fühle. Das Täubche hingegen, ein echtes Kind ihres Vaters, schickte sich sofort an, ihren Mantel auszuziehen und dem hart bedrängten und sich abrakkernden Vater behilflich zu sein, obwohl sie in ihrer großen, etwas massigen Erscheinung wenig Behendigkeit verriet und der wohlfrisierte schwarzhaarige Kopf mit dem durch ein träges Leben etwas aufgeschwemmten nicht unschönen blassen Gesicht wirklich nicht hinter diesen ästhetisch wenig anmutenden Schänktisch paßte. Herr Melber protestierte denn auch sehr lebhaft gegen solche unstandesgemäße Dienstfertigkeit seiner Frau, wobei es zu einer scharfen Auseinandersetzung kam. Das Täubche zeigte sich ihres Namens recht unwürdig, sie gebärdete sich sehr temperamentvoll und wenig zahm und ließ es an drastischen Ausdrücken nicht fehlen. Unter anderem warf sie ihrem Manne auch vor, als er naserümpfend und mit verächtlicher Gebärde auf die Art der Gäste hinwies, daß er selbst vor nicht allzu langer Zeit ebensolch Jüd gewesen sei und als Hausierer mit dem Sack auf dem Rücken angefangen habe. Erst dem Dazwischentreten des Vaters gelang es, dem unerquicklichen Streit ein Ende zu machen und die beiden nach der Küche abzuschieben.

Diesem Auftritt, der im Gastzimmer viel Heiterkeit erregte, folgte ein Streiten und Lärmen, das aus dem Hinterstübchen drang. Noch ehe der Wirt den Ort der Handlung erreicht hatte, um auch hier Frieden zu stiften, war der Schauplatz der Zänkerei nach dem Gastzimmer verlegt, denn eine Gruppe von Männern und Weibern war nach hier geeilt, wahrscheinlich, um den Ausgang zu erreichen, und nun erhob sich ein ohrenbetäubendes Geschrei in fremdartigen Kehllauten, unterstützt durch schlenkernde Bewegungen der Arme und Hände und hier und da bedrohlich illustriert durch eine Anzahl geballter Fäuste. Der Ursprung dieser Erregung wurde erst allgemein bekannt, als eine blonde Frau mit gewöhnlichem Gesicht, aber in einen Pelzmantel gehüllt, laut schimpfend durch das Gastzimmer promenierte und sich bei allen, die es hören wollten, darüber beklagte, daß ihrem Manne in der Hinterstube tausend Mark aus der Überziehertasche gestohlen worden seien.

Der Wirt mußte an solche Ereignisse schon gewohnt sein oder er hielt die Behauptungen der jammernden Frau für glatten Schwindel, weil er keine Spur irgendwelcher Erregung oder Anteilnahme zeigte. Der einzige Trost, den er zu spenden versuchte, war die trockene Bemerkung, daß ihm vor einiger Zeit ebenfalls ein Cutaway und ein Kostüm gestohlen worden seien.

Durch den Lärm und die Unruhe im Laden wurde auch Frau Gabel, die Gattin des Kneipenbesitzers, aus ihrem ständigen Aufenthaltsort, der Küche, hervorgelockt. Die Frau, die im Vergleich zu ihrem frischen Ehemann trotz der noch leidlich schwarzen Haare viel älter aussah, war dünn und formenlos wie eine Dachlatte und machte mit ihrem gelblichen vertrockneten und verrunzelten Gesicht den Eindruck, als ob sie selbst tagelang im Backofen gedörrt worden wäre.

Der Frau Gabel, eine offenbar sehr harmlose und gutmütige Person, schien der Vorfall sehr peinlich zu sein. Sie stellte sich neben den Schanktisch und versuchte die auf und ab spazierende immer noch laut vor sich hinsprechende Blondine im Pelz zu beschwichtigen. Das etwa zehnjährige Töchterchen der

Gabel'schen Eheleute, ein sehr aufgewecktes aber schmierig aussehendes Kind, das in geringer Entfernung vom Schanktisch zwischen den Gästen saß und in einem Lesebuch blätterte, geriet plötzlich aus unerkennbaren Gründen über die Einmischung seiner Mutter in derartige Erregung, daß es recht respektlos hinüberrief: „Was mengste dir ein, hat doch nischt mit dir zu tun!"

Zwei Schupoleute erscheinen auf der Bildfläche. Man weiß nicht, ob sie jemand gerufen hat oder ob sie nur ihren Durst löschen wollten, denn sie gehen unbefangen an den Schanktisch. Die Uniformen aber wirkten merkwürdig abführend. Das Lokal wurde plötzlich so leer, daß man die einzelnen Gäste zählen konnte und der allgemeine Aufbruch vollzog sich dermaßen stürmisch, daß nicht eimal eine Blitzlichtaufnahme möglich gewesen wäre. Indessen unterhielt sich der Wirt mit den Sicherheitsbeamten und verabreichte Bier und Zigaretten. Man merkte es ihm und den Schupos an, daß er sich mit der Polizei sehr gut stand.

Herr von Niemßdorf hatte sich am Wein und Schnaps vollgesogen und konnte sich kaum noch aufrecht erhalten, als Pufeles ihn hinausführte. Von den Hausbewohnern saßen jetzt nur noch Frau Butterfaß mit ihrem Mann an einem Ecktisch und unterhielten sich lebhaft mit Bekannten.

Während des Genießens und Lärmens in der Kneipe, wo die Geldscheine wie wertlose Lappen massenweise herumflogen und die Lust und Freude am Leben allen Räumen eine warme Behaglichkeit verlieh, gingen die „Schnutengräfin“ und die „Dollarrieke“ auf naßkalter Straße hungrig und fröstelnd ihrem schimpflichen Gewerbe nach.

An der Ecke der Weinmeisterstraße machte die Breitenbach nach langem vergeblichen Bemühen endlich die Bekanntschaft eines jungen Mannes, den sie in die Gabel'sche Wirtschaft führte, um sich durch einen Grog zu erwärmen, während die Schnalzer ihren strichweisen Raubzug fortsetzte.

Aus dem einen Grog werden mehrere. Der Rum paarte sich mit Bier und Schnaps, und die Folge des genossenen Alkohols war schließlich, daß der junge Mann, wieder auf der Straße angelangt, sein eigenes Paarungsbedürfnis vergessen hatte und sich weigerte, die Dirne in ihre Wohnung zu begleiten.

Die „Schnutengräfin“ denkt nicht daran, den erhofften Gewinn so ohne weiteres aufzugeben, und die Holde, die sich kurz vorher am Kneiptisch noch in verführerischem Liebesgeflüster erging, wurde plötzlich zur Megäre und überhäufte den jungen Mann laut keifend und kreischend mit einer Flut gemeinster Schimpfworte.

Hugo Schramm, der aus seiner Destille kam, näherte sich in diesem Augenblick dem Hause. Er bleibt stehen, hört, um was es sich handelt und hält es für seine Pflicht als Kavalier dem liebesunmutigen Jüngling eine gehörige Tracht Prügel zu verabfolgen.

Angesichts der drohenden Gefahr und weil der ritterliche Beschützer seine breitspurige Tatze bereits nach ihm ausstreckte, erhob der junge Mann ein fürchterliches Hilfegeschrei.

Die menschenleere Straße wurde jetzt lebendig,

und die beiden patrouillierenden Schutzleute bogen um die nächste Ecke und eilten dem Schauplatz zu.

Nunmehr hielt es der sonst so verwegene Schramm für durchaus notwendig, sich mit der Dirne schnellstens in das Haus zurückzuziehen.

Im Treppenflur erst erkannten die beiden ihre Nachbarschaft und Zugehörigkeit miteinander und das Ergebnis dieses Sichfindens war naturgemäß eine gemeinsam zu verbringende Nacht.

Kurz darauf kehrte auch die Schnalzer mit einem bebrillten älteren Herrn heim und die Lichter der Gabel'schen Wirtschaft verloschen.

Krachend fielen die Rolläden herunter.

Ein Geheimbund.

Am nächsten Morgen saß die Breitenbach mit ihrem neuen Freund Hugo Schramm am Frühstückstisch. Hier sah es sehr kärglich aus und die Dirne machte ein brummiges Gesicht, als ihr Bettgenosse der vergangenen Nacht nicht einmal wenige Mark für etwas Milch und Weißbrot zur Verfügung stellen konnte.

„Du bist mir ja 'n scheener Kanake", sagte die „Schnutengräfin" verächtlich, „nimmst mir for de janze Nacht und bist so ausjemistet, det du mir nich mal 'ne Schrippe spendieren kannst. Nach dem Fuselduft, mit dem du mir ins Bett anjeräuchert hast, scheinst du dein'n janzen Verdienst vasoffen zu haben. Sowat jibt's bei mir nich, Dicker! Wenn ick dir och nich als Kund'n betrachte, wo ick immer nach festem Tarif arbeete, so mußte doch, falls de dir als mein'n Freund ansiehst und mir liebst, ooch mal Jeld jeben, wenn ick nischt habe, nich Dicker?!"

Schramm sah die Sprecherin mit einem so vernichtenden Blick an, daß sie fürchtete, einen Hieb ins Gesicht zu bekommen und mit dem Oberkörper etwas zurückwich. Ihr Tischgast flößte ihr überhaupt ein gewisses Grauen ein, denn sein düsteres Aussehen, die hervorstehenden Backenknochen und das massige Kinn verrieten den Gewaltsmenschen, und die kurz geschnittenen Haare gaben ihm etwas Sträflingshaftes.

In der Tat hatte die Dirne keine gute Wahl getroffen, denn von den achtunddreißig Jahren seines Lebens mußte er zwölf Jahre hinter Gefängnismauern verbringen und er wurde erst vor kurzem aus dem Zuchthaus entlassen. Zwar hätte er als gelernter Gerber auch heute noch sein Brot ehrlich und reichlich verdienen können, aber seinen verbrecherischen Anlagen behagte die regelrechte Arbeit nicht. Die lange Gefangenschaft tat das übrige dazu, um aus ihm einen völlig verkommenen Menschen zu machen, der nur vom Verbrechen lebte und auch nur in Verbrecherkreisen, wo er den Spitznamen „Schlidderhujo“ führte, zu verkehren pflegte. Dieser sonderbare Beiname war seinem Lieblingswort „schliddern“ zu verdanken, er „schlidderte“ sowohl in ein „Vajniejen“, wie auch ins „Jefängnis rin“.

Die freimütige Rede der Breitenbach hatte den Zuchthäusler nicht in die geringste Verlegenheit versetzt, im Gegenteil, es schien ihm ein wahres Vergnügen zu sein, das Weib einzuschüchtern, wie dies seine Gewohnheit war, wenn er glaubte, ein Schutzrecht über eine Dirne erworben zu haben. Er reckte seine breiten Schultern in die Höhe, ließ die Arme nachlässig herunterhängen, und den Kopf auf die Seite gelegt, erwiderte er brutal und frech mit verzerrten Lippen:

„Beinahe hätt' ick dir eens in de Fresse jehauen, Meechen, det de mir so anjerempelt hast. Det is des erste Mal, det mir meene Braut Jeld abverlangt. Menschenskind, weeßte denn nich, det de mir dafor, det ick dir schütze, for meine Bedürfnisse Zaster* abzuladen hast? Mir kannste doch nich vorpeesen, det de noch keen'n Luden jehatt hast. Also verstelle dir man nich und sorje dafor, det ick heute abend 'n juten Happenpappen habe, sonst kann ick eklich wild werd'n und for nischt jarantier'n. Schon manche hab ick de Knoch'n zusammenjeschüttelt, det se sich im Krankenhaus uff neu wieder uffmontier'n lass'n mußte. Feste uff de Arbeet, Meechen, und solange strichen, bis de 'n reichen Freier jeangelt hast! Ick brauche Jeld, vastehste?"

Die sonst so kesse „Schnutengräfin" wagte kein Wort zu erwidern, sie wußte aus Erfahrung nur zu gut, welche Pflichten sie einem „Beschützer" gegenüber zu erfüllen habe, und was ihr bevorstand, wenn sie sich dem Willen des Zuhälters nicht unterwarf. Andererseits aber wußte sie ebenfalls aus Erfahrung, welche Vorteile sich ihr boten, wenn es dem „Beschützer" gelang, ein Ding zu drehen. Und gerade jetzt fehlte es ihr an neuer Winterkleidung, die sie sich bei ihrem Geschäft nicht so leicht anschaffen könnte. Hierfür wäre der „Hujo" der geeignetste Mann, denn der Kerl hätte „Kuraje" im Leibe und schrecke sicher vor nichts zurück.

Da die Tür des Nebenzimmers gerade knarrte – die Schnalzer entließ mit möglichster Geräuschlosigkeit ihren Liebhaber –, ging die Breitenbach hinaus und borgte sich von ihrer Freundin Geld zum Frühstück. –

---

* Zaster = Geld

Als die nunmehr ganz gefügige „Schnutengräfin“ von ihrem kleinen Einkauf zurückkehrte, fand sie ihren „Bräutigam“ mit Rücksicht auf den bevorstehenden Imbiß in besserer Laune vor, so daß sich bald wieder eine Unterhaltung entwickelte. Die Breitenbach tastete vorsichtig: „Kiek mal, so'n Kerl wie du müßte eijentlich in Jeld wühlen ohne zu arbeet'n. Ick weeß zwar nich, wat de jelernt hast, aber et jibt Arbeet jenuch, wo man mit een'm Jriff soville hat, wie andre nich in een'm janzen Jahr. Und die Kuraje, die dazu jehört, sitzt dir in de Knochen!“

Der Verbrecher kaute langsam und mit breitem Munde, leckte sich die Lippen ab und schlug mit der Faust auf den Tisch.

„Siehste, Meechen“, brüllte er heiser, „det is et ja eben! Arbeet'n will ick und kann ick und habe vor nischt kee'n Bammel nich, aber erst mal wat ausbaldowern, wo man 'n anständijet Ding dreh'n kann! Ick habe Jerber jelernt, aber wo ick Jelegenheit hatte, bloß Menschenfelle jejerbt oder jejerbte Felle jeklaut. Mit Kleenichkeeten habe ick mir nich einjelassen!“

Die Breitenbach dachte einen Augenblick nach. „Ick jloobe, ick kann dir 'n juten Tipp jeben“, sagte sie geheimnisvoll und rückte näher heran. Der Verbrecher spitzte die Ohren und lauschte aufmerksam.

„Kiek mal, Hujo“, fuhr sie fort, „unser Hausdrache, der poln'sche Jude, is 'n reicher Kerl und handelt mit Pelzen, Stoffen und anderem Kram. Als ick neilich de Miete runter trug, hab ick jeseh'n, wie det Hinterzimmer janz voll jepackt war und der Jude im Mittelfach des Schreibtischs eene Kasse hatte, wie kenn Bankjeh nich. Nu is der Kerl ja merschenteels zu Hause, aber manchmal jondelt er los und bleibt 'n paar Tage weg. Seine olle Wirtschafterin is taub wie 'ne Nuß, und wenn der Olle verreist ist, denn kannste mit Holzpantienen rin jehn, die Olle hört nischt!"

„Schlidderhujo" zog seine wulstigen Lippen zusammen und pfiff ein zotiges Lied. „Det Ding is jut", lachte er vergnügt, „'ne feine Nummer Meechen, det Ding wird jedreht! Machen wir!"

Er erhob sich schwerfällig und schlich mit wiegenden Schritten und gekrümmtem Rücken wie ein Gorilla im Zimmer umher.

„Aber so janz alleene", brummte er gedehnt vor sich hin, „so ganz alleene werde ick den Klamauk nich schaffen von wejen det sogenannte Volumen von de Ware. Pelze und Stoffe lassen sich nich in een'n Sack bringen, wie Jold und Silber. Wo kriege ich een'n her, der nitmimt, 'n kessen Jungen?! Laß mir mal 'n bisken nachsimelier'n!"

Die Dirne stand nun ebenfalls auf und ging im Zimmer hin und her. „Also 'n kessen Jungen willste noch haben", sprach sie nach, „'n kessen Jungen! Na, warte mal, den werd' ick dir beschaffen! Von meine juten Freunde is jetzt keener da. Der Willy is uff de Tour nach'm Rhein zu, der Emil liegt in die Charité und de andern schieben Knast*, aber da fällt mir eener in, der immer Jeld braucht und ooch 'n doller Kerl is, der jeht vielleicht mit, wenn de mit ihm Kippe machst**. De Schnalzern, wat meene Freundin is, kommt mit ihm de Woche 'n paar Mal

* Knast schieben = im Gefängnis sitzen
** Kippe machen = teilen

zusamm'n und nimmt 'n immer hoch. Aber der hat noch andere Meechens, und wenn er als Metallarbeeter ooch 'ne Menge Jeld verdient, der hat nie nischt und braucht immer noch ville mehr. Laß mir mal nachsimelier'n, wie ick euch beede zusamm'nbringen kann, ick meene den Kunze, meen'n Nachbar drüben. Der Schnalzern will ick nischt sag'n, de weeßt ja, de Weiber könn'n de Schnauzen nich halten und plappern, wenn wat schief jeht, aus de Schule!"

„Det is doch janz eenfach, Meechen", erwiderte der Verbrecher und tippte mit dem Finger an die Stirn, „janz eenfach, de stellst dir an de Türe, wenn er von de Arbeet kommt und rufst 'n rin. Ick werd' schon mit ihm fertich werd'n. Er kennt mir ooch, wir hab'n schon bei Jabels unten 'n Schnaps jetrunken. Ob de aber ohne de Schnalzern auskommst, scheint mir doch mulmich. Denn wenn er ihr besucht, denn kannste nich verhindern, det se über uns sprechen. Aber de hast recht, Vorsicht muß sind!"

Um das nötige Geld für eine gute Mahlzeit und etwas Alkohol zu beschaffen, zog sich die Dirne jetzt an und ging auf die Straße, nachdem sie das Schlafzimmer etwas in Ordnung gebracht hatte. Ihrem Beschützer wies sie inzwischen die Küche als Aufenthaltsort an. Sie mußte sich beeilen, denn es war schon Mittag geworden und sie wollte noch rechtzeitig zurück sein und den Plan, der ihr sehr einleuchtete, zur Ausführung bringen. Da die Konjunktur, um diese Zeit einen Mann zu kapern, sehr ungünstig war, mußte sie sich auf mehrere Stunden des Umherwanderns gefaßt machen.

Diesmal aber winkte ihr das Glück schneller als

sie glaubte, denn schon nach einer halben Stunde machte sie in der Alexanderstraße die Bekanntschaft eines Ungarn, der sie nach Hause begleitete und sie reichlich entlohnte.

Der Zuhälter grinste vergnügt, als er die Türe ins Schloß fallen hörte, aus der Küche herauskam und das Geld auf dem Tisch liegen sah. Nun mußte die Breitenbach wieder einkaufen gehen und es wurde bis zur späten Nachmittagsstunde munter getafelt. Das Geld war natürlich bis auf den letzten Pfennig vertan.

Gegen fünf Uhr stellte sich die Dirne hinter der Wohnungstür auf und blickte durch das Beobachtungsloch, denn es war die Zeit, wo Kunze nach Hause zu kommen pflegte.

Sie brauchte auch nicht lange zu warten, denn bald hörte sie an seinen schnellen Schritten, daß er es war. Leise öffnete sie die Tür und gab ihm mit der herausgestreckten Hand ein Zeichen.

Kunze, in der Annahme, daß die Schnalzer Sehnsucht nach ihm habe, trat auch sofort ein und erstaunte hinter der verschlossenen Tür, als er sich der Breitenbach gegenüber sah. Diese fragte ihn gleich, ob er Geld brauche, und als er dies freudig bejahte, schob sie ihn ins Zimmer hinein. Hier erwartete ihn eine neue Überraschung, denn der Mann, der sich ihm mit derbem Gruß näherte, schien ihm zwar vom Ansehen bekannt, aber er konnte vorerst noch keinen Zusammenhang finden, zwischen dem in Aussicht gestellten Geldverdienen, dem geheimnisvollen Gebahren der Dirne und der Gegenwart des wenig vertrauenerweckenden Mannes.

Der Verbrecher ließ dem Kunze keine Zeit zum Überlegen, er drückte ihn auf einen Stuhl und begann sogleich mit seinem Plan, nachdem er durch eine kurze Einleitung in Erfahrung gebracht hatte, daß der Metallarbeiter nicht abgeneigt sei, an einer aussichtsreichen, wenn auch etwas gewagten Sache mitzuwirken.

Kunze hatte von Hause aus keine verbrecherischen Neigungen mit auf den Lebensweg bekommen, denn er war stets ein arbeitsfreudiger Mensch. Erst der Umschwung der sozialen Verhältnisse nach der Revolution und die für ihn ungeheuren Summen, die er verdiente, raubten ihm die Erkenntnis für den Wert des Geldes. Der früher sehr einfach und zufrieden lebende Arbeiter wurde so zum Genußmenschen und vergeudete seinen am Wochenende eingeheimsten Lohn, mit dem er früher einen ganzen Monat ohne Sorgen mit seiner Familie hätte existieren können, seiner sinnlichen Veranlagung entsprechend, mit liederlichen Weibern. Hierzu gesellte sich als Stimulans und Rauschmittel, zum Niederhalten der Reue, die Sucht nach dem Alkohol. Beides sehr kostspielige Leidenschaften. In diesem vernunftslosen Genußtaumel verlor der Metallarbeiter jeden moralischen Halt. Zwar gab er seine Beschäftigung noch nicht auf, aber die Arbeit diente lediglich dazu, seinen Zügellosigkeiten zu frönen. Auch der Sinn für die Pflichten eines Familienvaters war ihm völlig abhanden gekommen. Er empfand Weib und Kinder nur als eine Last.

Unter diesen Umständen war der Grundstein gelegt, auf dem der „Schlidderhujo“ sich einen gefügigen Helfer heranbilden konnte und es bedurfte daher, in Erwartung des in Aussicht gestellten hohen Anteils an dem Raubzug, keiner besonderen Überredungsgabe. Kunze stimmte zu, behielt sich aber nur eine gewisse Art von Arbeit vor, die seinen Fähigkeiten entsprach. So übernahm er es, von dem Schloß zur Chill'schen Wohnung einen Abdruck zu formen und einen gut schließenden Nachschlüssel anzufertigen und zum Durchkneifen der Sicherheitskette, falls eine solche vorhanden wäre, wollte er aus der Fabrik eine haarscharfe Hebelzange mitbringen. Zum Einsteigen in die Wohnung und zum Aufbrechen des Schreibtischs aber hielt er sich für zu unbeholfen und tölpelhaft, weil er nicht die Übung hätte geräuschlos zu arbeiten. Vor allem aber wollte er vor der Wohnungstür bleiben und die Stoffe und Pelze schnell in seine eigene Wohnung schaffen. Eine solche Mitwirkung genügte dem „Schlidderhujo" völlig und man begoß den soeben geschlossenen Geheimbund reichlich mit Bier und Schnaps. Die Getränke holte die Breitenbach je nach Bedarf mit dem Gelde des freigiebigen Kunze aus der Gabel'schen Kneipe.

Als die Drei in bester Stimmung an dem mit Flaschen angefüllten Tisch saßen und über den Tag der Ausführung berieten, wobei der „Schnutengräfin" die Aufgabe des Schmierestehens und die Auskundschaft einer etwaigen Reise des Chill zufiel, erschien die Schnalzer im Türrahmen.

Kaum hatte sie die lustige Tischgesellschaft erblickt und sich über die Anwesenheit des Kunze im stillen gewundert, kam ihr der Gedanke, daß hier etwas besonderes vor sich gehen müsse und ihre Gegenwart nicht erwünscht sei. Sie wandte sich daher sofort um und wollte wieder hinausgehen.

Der Metallarbeiter hatte ihr Erscheinen aber bereits wahrgenommen. Angetrunken, wie er schon war, sprang er auf, riß das Mädchen an sich und zog sie auf seinen Schoß.

Mit den weiteren Beratungen war es jetzt natürlich zu Ende und man ging dazu über, sich die Zeit mit unflätigen Zoten zu vertreiben.

Bald hatte die Schnalzer ihren Liebhaber auch so weit, daß er mit ihr in der Nebenstube verschwand.

Inzwischen sorgte die Breitenbach für neuen Stoff aus der Kneipe und brachte auch gleich eine Anzahl Schmalzstullen und einen halben Gänsebraten mit, denn die Geldtasche Kunzes war noch reichlich mit Kassenscheinen gefüllt.

Bei dem letzten Gang zu Gabel kehrte die Dirne auffallend schnell zurück und erzählte mit Kichern und Lachen und voller Schadenfreude, daß die Frau Kunze auf dem Treppenabsatz laut jammernd herumlaufe und vor sich hinspreche, es sei nun schon bald sieben, ihr Mann sei immer noch nicht da und in einer halben Stunde seien die Geschäfte geschlossen, sie habe kein Brot und keine Margarine im Hause und überhaupt nichts zum Abendessen.

„Det die Olle vor Wut und Ärger platzt, is mir schnuppe“, rief die Breitenbach aus, „aber wie kriejen wir jetzt den Kunze aus der Wohnung, ohne det die Olle wat merkt?“

In diesem Augenblick kam der Metallarbeiter mit der Schnalzer aus deren Zimmer wieder zurück, er war noch etwas benommen und hatte nicht recht zugehört, während die Dirne nur mit dem Geld beschäftigt war, das ihr der Liebhaber soeben geschenkt hatte.

„Habt ihr denn jarnich jehört, wat ick euch for' 'ne interessante Neuichkeit erzählt habe?" fragte die Breitenbach ironisch.

Kunze und die Schnalzer drehten sich gelangweilt um, als ob sie das nichts anginge.

„Na, Kunze", platzte die Breitenbach jetzt heraus, „deine Olle steht draußen und lauert uff dir, ick jloobe, se hat 'n Schrubber bei sich, um dir zu verpolken. Und Jeld hat se ooch keens, um euch 'n Abendbrot zu machen! Mensch, wie krieje ick dir bloß heil wieder aus meine Wohnung!"

Der Metallarbeiter erhob sich und taumelte im Zimmer umher. „Da hau ick ihr eens in de Fresse", murmelte er vor sich hin, „det Aas soll mir in den Weg laufen, die mach ich nochmal kalt, so wahr ick hier stehe!"

„Damit is woll deiner Ollen jeholfen", warf der „Schlidderhujo" jetzt dazwischen, „denn dann is se dir jedenfalls dauernd los, aber det jeht doch nich, det se dir von hier rauskommen sieht. Ick werd' euch mal 'n Tipp jeben, wie wir die Olle rinschliddern lassen könn'n. Also jebt mal Obacht! Die Schnalzern jeht jetzt raus, hört ihr Jesabber mit an und pumpt ihr Jeld, se hat ja jrade von dir 'n Päckchen jekriejt, von dem zwee Familien Abendbrot kochen könn'n. Und wenn se det Jeld ooch nich wiederkriejt, schadt's ja ooch nich, 's bleibt ja in der Familie! Und schlimmstenfalls jiebste et deiner Braut, der Schnalzern, wieder. Also, wenn die Olle nu losrennt und Einkäufe macht, denn schiebt Kunze ab und rinn is er, eh die Olle wat merkt!"

Die Weiber lachten hell auf und klatschten vor Freude in die Hände. Und die „Dollarrieke" zog sich auch gleich ausgehfertig an und ging hinaus. Alles klappte vorzüglich.

Als die Breitenbach aber zur Türe schritt, um nachzusehen, ob die Luft endlich rein sei, erblickte sie voll Verwunderung Kunzes ältesten Sohn vor der offenen Türe Wache haltend und zur Treppe hinuntersehend, ob das Familienhaupt nicht endlich komme.

Fast berstend vor Lachen eilte sie wieder zurück, und indem sie sich vor Vergnügen und Kichern krümmte, erzählte sie mit Mühe und Not, wie sich die Lage jetzt noch komischer gestaltet habe, denn nun sei auch das Geld der Schnalzer umsonst vertan.

„Sonne Frechheit!" brummte der „Schlidderhujo" und erhob sich, „jebt mal Obacht, wie ick den Bengel wegjraule!" Dann nahm er seine Mütze, zog sich den Mantel an und ging hinaus.

Der Junge stand immer noch mit besorgter Miene da und blickte zum Treppenaufgang hinunter. Der Verbrecher näherte sich ihm und drohte unter Schimpfen und Fluchen in die Wohnung einzudringen. Kaum ahnte der aufgeweckte Knabe die Absicht des fremden Mannes, als er laut schreiend in die Wohnung hineinlief und die Türe schnell zuschlug.

Die Breitenbach hatte durch das Beobachtungsloch den Vorgang mit angesehen, drückte dem Kunze schnell seinen Hut ins Gesicht und schob ihn selbst hinaus.

Der Metallarbeiter hielt es für richtiger, nicht gleich in seine Wohnung zu gehen, sondern so zu tun, als ob er von der Straße käme. Er lief daher, so schnell seine schwankenden Beine ihn tragen konnten, die Treppe hinunter.

Hier prallte er entsetzt zurück, denn vor der Haustüre stand seine Frau, die den Kopf nach links und rechts drehte, um ihren Mann zu erspähen, denn das von der Schnalzer geborgte Geld reichte doch nicht aus, die notwendigsten Lebensmittel einzukaufen.

Als die unglückliche Frau ihren liebenswerten Gatten aus dem Haus stürmen sah, schlug sie die Hände über den Kopf zusammen und überschüttete ihn mit einer Flut von Vorwürfen, weil sie ahnte, wo er sich aufgehalten hatte.

Kunze war so verblüfft, daß er nicht sogleich die richtigen Worte finden konnte, dann aber, als er die Lage überschaute, sagte er mit der größten Seelenruhe: „Ick wollte beim Hauswirt Jeld wechseln, er hat aber nischt passendet jehabt, nu will ick mal zu Jabeln jehn!“

Frau Kunze glaubte natürlich kein Wort, sie murmelte einen Fluch vor sich hin und runzelte die Stirn. „Na, dann jieb mir mal erst etwas damit ick einkaufen kann“, erwiderte sie ebenso trocken, „aber recht ville, denn et is nischt mehr oben. Und denn kannste meinetwejen zu Jabeln jehn und den Zacken, den de schon hast, durch Suff wieder vertreiben. Aber die Kinder hab’n Hunger, die hab’n den janzen Tag noch nischt jejessen!“

Der Metallarbeiter war innerlich froh, so leichten Kaufes davon gekommen zu sein, er griff in seinen Rock und holte die Geldtasche hervor. Sein rötlich angehauchtes Gesicht wurde plötzlich ganz blaß, er ging an das erleuchtete Fenster der Kneipe, um besser sehen zu können, aber es war nichts daran zu ändern. Mit Ausnahme geringen Kleingeldes war die Tasche leer.

Kunze stand ratlos da und sann und sann und konnte doch keinen Ausweg finden. Es überlief ihn heiß und kalt, und die Wut stieg ihm ins Gesicht dermaßen, daß er seine Frau am liebsten auf offener Straße erwürgt hätte. Frau Kunze, die sofort erkannte, was das Schweigen und Suchen ihres Mannes zu bedeuten habe, denn dieses trostlose Ergebnis seines Bummellebens war ihr nicht ungewohnt, näherte sich ihm allmählich und vor Erregung, Hunger und Enttäuschung fast irrsinnig, hielt sie ihm zitternd das von der Schnalzer geborgte Geld vor die Nase und indem sie ihm ins Gesicht spie, kreischte sie grell auf: „Du Lump, du elender, dies Jeld hier hat mir deine Hure jepumpt, damit ick deine Kinder füttre . . .!“

Weiter kam sie nicht, denn ihr pflichtvergessener Mann wollte sich auf sie stürzen und hatte schon die Hand zum Schlage erhoben.

Die Frau sprang schnell zurück und lief davon.

Kunze überlegte einen Augenblick, ob er zur Schnalzer zurückkehren oder in seine Stammdestille gehen sollte, wo man ihm bereitwilligst Geld borgen würde.

Er entschloß sich zu letzterem.

Sabbathweihe.

Am Freitag abend nach Sonnenuntergang ist Sabbathweihe.

Die Frau des Rabbinatskandidaten Dr. Spekkowski erfüllte ihre Pflicht als Hausfrau und segnete mit fast religiöser Verklärung die beiden brennenden Kerzen, die auf dem festlich gedeckten Tisch in hohen silbernen Leuchtern standen, indem sie beide Hände langsam über die Flämmchen hinweg bewegte und Gebetssprüche murmelte.

Der Rabbinatskandidat kam im schwarzen Sabbathrock mit seinem Schwager aus der Synagoge, beide, der feierlichen Stimmung angepaßt, tief ernst. Er umarmte und küßte seine Frau und nahm mit ihr und Moritz Feigenbaum am Tische Platz.

Unter einer roten mit hebräischen Lettern bedruckten Decke lag ein Barches. Der Rabbinatskandidat holte das Festtagsbrot hervor, sprach im singenden Tonfall einen Segens- und Dankspruch, schnitt das Gebäck an und überreichte Frau und Schwager ein Teilchen. Ebenso goß er jedem ein Gläschen Rotwein ein und sprach auch hierfür einen bestimmten Segen, der den Dank an Gott für die verliehenen Gaben zum Ausdruck brachte.

Dann wurde das Freitagsmahl, gefüllte Hechte in Milch und Butter gekocht, aufgetragen. Dr. Spekkowski zögerte noch, zur Gabel zu greifen. Seine Frau und der Schwager sahen ihn verwundert an, namentlich dem letzteren war der Duft der köstlichen Speise allzusehr in die Nase gestiegen, und er wartete daher mit Ungeduld auf den Augenblick, wo er sich seines Fisches bemächtigen durfte. Der Rabbinatskandidat gab denn auch sofort eine Erklärung für sein Verhalten, indem er unter lautloser Stille fast feierlich sagte:

„Bei uns Juden ist es Pflicht, von dem, was uns der Herr beschert, mit den Armen zu teilen. Lassen wir daher einen der Ärmsten unter uns als Gast an unserem Tische sitzen. Als ich vorhin die Synagoge verließ, sah ich den Joel Gewürz, wie er in sich versunken und gedrückt nach Hause schlich. Ein Fremdling in seiner Umgebung, ohne den erwärmenden Schoß der Familie, wird seine Seele verdüstert und er leidet an den Menschen. Das Symbol der Sabbathlichter zeigt uns den Weg, wie wir unseren Mitmenschen auch das Licht der Seele bringen sollen. Also bitten wir ihn, zu uns zu kommen und wenigstens die Sabbathweihe in einer jüdischen Familie zu verbringen!“

Moritz Feigenbaum erhob sich sogleich, ließ seinen dampfenden Fisch im Stich und eilte hinaus, um den Wunsch seines Schwagers unverzüglich zu erfüllen.

Nach wenigen Minuten schob sich Joel Gewürz, mit einem schwarzen, schon etwas schäbigen Sabbathrock angetan, durch die Tür. Er war sehr verlegen, faltete die Hände und verneigte sich vielfach, während Moritz Feigenbaum ihn mit sanftem Nachdruck an den Tisch führte.

Der Rabbinatskandidat machte eine Handbewegung, die Gruß und Einladung zugleich ausdrückte, und nun begann die kleine Tischgesellschaft wortlos das leckere Mahl zu verzehren. Es folgte eine süße Speise und Nachtisch und zum Schluß gab es noch einen richtigen Kaffee mit selbstgebackenem Apfelkuchen.

Die Lichter brannten immer noch und der ganze Raum und die Menschen, die die warme behagliche Luft einatmeten, waren auch licht und froh und warm geworden und fühlten ein Dankbedürfnis für die herzerquickende Wohltat der Behaglichkeit.

Der erste, der dieser Empfindung Ausdruck verleihen wollte, war der Hausherr selbst. Er sprach von den Freuden, die ein gutes und frommes Weib dem Manne bereiten könne, von den Tugenden der Hausfrau, von dem innigen Familienband und dem Segen, der auf jedem Hause ruht, in dem die Liebe, die Eintracht und der Friede waltet.

Mit tränenfeuchten Augen und verklärter Zärtlichkeit blickte die junge Frau auf ihren Gatten, der ihr beide Hände entgegenstreckte und dann sein Weib innig in die Arme schloß und küßte.

Lautlose Stille. Der Rabbinatskandidat setzt seine schwarze Samtkappe auf und betet.

Er betet für sein Weib, das die Frucht seiner Liebe unter dem Herzen trägt, für ihre glückliche Niederkunft und die Gesundheit des Kindes. Er dankt für alle Güte, die ihm sein Gott gewährt und vor allem für das namenlose Glück, das er ihm in seinem Weibe bereitet habe, und er fleht den Segen des Himmels herab auf alle Menschen, damit auch denen, die an der Liebe leiden, die schönste, die herrlichste aller Freuden, das Familienglück beschieden sein möge.

„Amen!“ murmelte die Tischgesellschaft.

Wieder lautlose Stille.

Dem Joel Gewürz hängt der Kopf tief auf der Brust, er atmet kaum vernehmbar und seine Augen sind verschlossen, weil er sich innerlich beschaut. So empfindet er die Mißgestalt seines Körpers wie eine entsetzliche Last und er sieht die Hoffnungslosigkeit, je ein liebes und frommes Weib zu besitzen wie einen schwarzen Schatten, der sein ganzes Dasein verdüstert. Und doch haben die Worte des Rabbiners sein Herz tief erschüttert. Sein ganzes Denken und Fühlen ist einem weiblichen Wesen geweiht, das er im Geiste liebkost wie das herrlichste Kleinod der Welt und das er kaum fühlbar und sichtbar umflattert wie der Schmetterling eine duftige Blüte, die schöne Esther Machschewes.

Auch auf Moritz Feigenbaum haben die Worte des Rabbiners tiefen Eindruck verursacht. Er ist das Gegenteil von Joel Gewürz, ein schön gewachsener Mann von anziehendem Wesen, klug, geschäftlich gewandt und wohlhabend, der alle Eigenschaften besitzt ein Weib glücklich zu machen. In ihm, dem tatkräftigen Menschen, setzten sich die Worte seines Schwagers nicht in tiefes Grübeln und seelisches Erdulden um, sondern in einen Entschluß, den er auch sofort zum Ausdruck bringt, indem er sich mit den Worten an den Rabbiner wendet: „Lieber

Schwager, dein herzlich empfundenes Glücksgefühl, das dir wohl jeder gönnt, der von deiner großen Seele einen Hauch verspürt hat, gemahnte mich wieder einmal, wie einsam und verlassen doch ein Mann ohne Weib ist. Ich bin erst einige Wochen in deinem jungen Heim, aber diese kurze Spanne Zeit hat, verbunden mit dem Reiz des heutigen Abends, wo ich die Macht der Gattenliebe am tiefsten empfand, den Wunsch in mir reifen lassen, ein Weib zu nehmen. Und ich glaube, daß die Wahl, die ich getroffen, deinen Beifall finden wird. Von allen Mädchen, die mir bisher begegnet sind, hat mich keine durch ihre Bescheidenheit und Schlichtheit, wie auch durch den Glanz ihrer Schönheit so gefesselt, wie – Esther Machschewes!"

Der Rabbinatskandidat nickte zustimmend mit dem Kopfe, drückte seinem Schwager die Hand und rief ihm freudig „Masel tow!"* entgegen, und die junge Frau überschüttete ihren Bruder mit Zärtlichkeiten und wünschte ihm, daß das Mädchen seiner Wahl sich als zukünftige Frau seiner prächtigen Mannestugenden würdig zeigen möge.

Nur einer verstummte plötzlich ganz und zuckte sichtbar zusammen: Joel Gewürz. – Sein Gesicht war aschfahl und der Blick, den er verstohlen auf den gegenüber sitzenden Moritz Feigenbaum warf, glich dem gebrochenen Auge eines Sterbenden. Es war ihm, als ob ein scharfes Messer ihn durchschnitten hätte von oben bis unten und er herabgleiten müßte von seinem Stuhle.

---

* Masel tow! = Gut Glück!

Zitternd und zaghaft erhob er sich, reichte dem Ehepaar die Hand, verneigte sich tief vor Moritz Feigenbaum, und Dankesworte murmelnd schlich er hinaus.

Auf der Treppe löste eine Tränenflut den harten Druck, der wie eine eiserne Klammer sein Herz einschnürte.

Auch Frau Machschewes hielt die Sabbathweihe und segnete die Lichter, die auf dem Tische standen. Neben ihr saß Noa Pufeles und vertrat wie immer an Festtagen den Hausherrn. Er sprach das Gebet über den Barches und verteilte die Stücke an seine Wirtin und Esther, die sich in ein Gebetbuch vertiefte. Der übliche Wein fehlte, denn Frau Machschewes beklagte sich schon darüber, daß die Fische, die sie für den heutigen Abend zubereitet habe, ein enormes Stück Geld gekostet hätten. Und als sie auch während der Mahlzeit immer wieder von dem teuren Fischgericht sprach, verspürte Herr Pufeles ein menschliches Rühren, langte in die Tasche und legte ein Dreimarkstück auf den Tisch.

Dies war freilich den religiösen Vorschriften entgegen, denn die Juden sollen am Sabbath weder handeln, noch überhaupt Geld in Empfang nehmen, aber bei Frau Machschewes siegte offenbar der Gedanke, daß der Zweck das Mittel heilige und so steckte sie das Silberstück schmunzelnd ein.

Hierdurch war denn auch das übliche Gespräch wieder in Gang gekommen, und die beiden erwähnten weder die Weihe des Abends noch berührten sie die Tugenden der Hausfrau, sondern beschäftigten sich lediglich mit Geldfragen und der Möglichkeit eines leichten und reichlichen Gewinnes.

Der schlaue Pufeles glaubte sich seinem Ziele am ehesten dadurch näher bringen zu können, daß er das Ausland als vorteilhaftete Einnahmequelle pries und die Zukunft der Esther streifte. Es wäre doch eine Erleichterung für Frau Machschewes, meinte er, die Tochter versorgt zu wissen und lächelnd fügte er hinzu: „Nu seh'n Se, wenn Ihr Töchterche, so ä scheine Moad, wie se is, über de Grenze geht, find't sich ä günstige Gelegenheit zu machen ä reichen Schiddach* und zu krieg'n ä gutten Mann. Und wenn se dann denkt an de liebe Mamme, die noch immer nich is geworden ä Kazinite, und se schickt und schickt de Dollarchen und de Paketchers mit Braten und Mehl und Butter und de scheinsten Kleider dazu, wie wird sich dann freu'n das Mammeherz und im Glück sich spiegeln de Frau Machschewes?!"

Und Frau Machschewes saß da und schüttelte zustimmend den Kopf. Sie schwelgte im voraus in all den Herrlichkeiten, die ihr Gast soeben verlockend geschildert, und von ihren Wangen kullerten Tränen der Freude und Rührung.

Ganz anders verlebte Frau Raja Diamant den Freitagabend. Auch sie segnete die Lichter, aber sie saß ganz allein an ihrem Tisch und anstelle des üblichen Fischgerichts verzehrte sie einige Butterschnitten und trank ein Glas Tee dazu.

Sie fühlte sich ganz vereinsamt, denn ihre Schlaf-

---

* Schiddach = Heiratspartie

burschen pflegten erst zu später Stunde nach Hause zu kommen, und die trostlose Öde um sie herum, das bange Gefühl des Verlassenseins, ohne Anhang, ohne Verkehr mit lieben Menschen, dazu die ständige Geldnot, die Wurzel alles Übels, ließen sie in grüblerische Gedanken versinken.

Frau Diamant verglich ihr Leben mit dem der anderen, die mit dem Gelde um sich warfen und sich jeden Lebensgenuß verschaffen konnten. Warum sollte nicht auch sie, die klug und gewandt genug war, zu einer auskömmlichen Existenz gelangen? Die letzte Aussprache mit Pufeles kam ihr in den Sinn, er schien ihr der Mann am rechten Platze, ohne Skrupel und Zagen die ganze Energie auf das Ziel gerichtet, ihm wollte sie sich künftig anschließen und seine Anregungen sollten ihr den Weg weisen, künftig ebenso im Gelde wühlen zu können, wie die anderen. Freilich wäre es nicht möglich gewesen, ihren früheren Beruf hier in Berlin auszuüben, da man ausländischen Hebammen keine Konzession zu erteilen pflegte. Aber das weibliche Element, dem sie sich den größten Teil ihres Lebens mit reichlichem Gewinn gewidmet, könnte in dem lasterhaften Berlin erst recht zu einer Goldquelle werden.

Frau Raja Diamant erinnerte sich zur Stunde der Sabbathweihe, daß sie Mädchen und Frauen in Lodz die Folgen eines sträflichen Liebesverkehrs beseitigt habe, und daß man nicht nur in der leiblichen Not die Zuflucht zu ihr genommen, sondern auch in der Sehnsucht nach dem Liebesgenuß. Und solcher Frauen und Mädchen wären in Großberlin viele Tausende und die Helferinnen von ihrer Art, die im Verborgenen wirkten, viele weniger kluge und geschickte Frauen als sie, hätten nicht nötig zu darben und brauchten sich am Feiertag nicht zu begnügen mit Brot und Tee.

Täglich fielen ihr die Anzeigen der Tageszeitungen in die Augen: „Rat und Hilfe in Frauenangelegenheiten". Geheime Vampire der Opfer betörter Liebe, entsittlichter Frauen und – Kupplerinnen der Sinnenlust. Dies schien ihr der richtige Weg zum Golde – zum Lebensglück.

Die Lichter der Sabbathkerzen flackerten und warfen gespenstische Schatten auf das tief durchfurchte Gesicht.

Frau Diamant breitete ihre knochigen Hände segnend über die Lichter aus und ihre Augen schauten verklärt in die Ferne.

In der Wohnung des Hausbesitzers Gedalje Chill sah es heute zur Sabbathweihe freilich recht festlich aus. Der wohlhabende Herr Chill, mit sich und seinem Gott zufrieden, war sehr seelenvergnügt aus der Synagoge gekommen und fand den Tisch, außer mit dem üblichen Barches und dem Fischgericht noch mit allerlei süßem Backwerk bedeckt, denn Frau Toches, seine bewährte Wirtschafterin, hatte den ganzen Tag in der Küche gestanden und den Herd bedient. Die alte Frau war sonst, der Rasse entartet, von seltener Dummheit und Lebensfremdheit, aber im Kochen und Backen eine Meisterin. Und nur dieser einen Tugend, die alle ihre Schrullen in den Schatten stellte, hatte sie es zu verdanken, daß der Hausbesitzer sie bei ihrer Taubheit behielt.

Nach dem Segensspruch ging Herr Chill an die Bewältigung der vor ihm aufgestellten Leckereien.

Er rieb sich vergnügt die Hände, schnalzte mit den Lippen und war dann für einige Zeit nicht mehr zu sprechen, da seine Zunge eine bessere Beschäftigung hatte.

Frau Toches indessen begnügte sich mit dem Fischgericht allein und während ihr Brotherr noch emsig bei der angenehmen Arbeit war, betete sie still vor sich hin und ihr eingefallener Mund sprach ab und zu halblaut hebräische Sätze im näselnden Gesinge, als ob sie den guten Appetit des Herrn Chill und seine auf diese Art bewiesene Dankbarkeit für ihre Werke segnen wollte.

Nach der üppigen Mahlzeit erhob sich der Hausbesitzer und ging laut prustend auf und ab. Sein Verdauungsspaziergang führte ihn auch ins Nebenzimmer, wo er seine Augen an dem stattlichen Lager der Felle und Stoffe weidete. Von hier aus ging es wieder zurück ins Wohnzimmer.

Die Kerzen, größer als die anderen im Hause, warfen ihr Licht auch auf den altertümlichen Schreibtisch am Fenster. Herr Chill setzt sich davor, zieht die mittlere Schublade heraus und beginnt, seine Schätze: Gold, Brillanten und Kassenscheine zu bewundern und zu zählen.

Frau Toches murmelt noch immer ihre Gebete, aber sonst herrscht Totenstille. Nur ab und zu klingt es vom Schreibtisch herüber nach Silber und Gold und es raschelt im papiernen Gelde, das die kleinen dicken Finger des Herrn Chill durchwühlt. Und auf sein Gesicht legt sich jene Ruhe der Selbstzufriedenheit, die alle Falten glättet und die Augen leuchten läßt, wenn der Mensch den Kampf ums Leben überwunden.

Die Sabbathweihe des Herrn Chill, die sich an jedem Freitag abend wiederholt.

Auch im Keller des Hauses brennen die Kerzen. Hier sitzt der Schneider Butterfaß mit seiner dicken Frau und zwei Kindern, einem Knaben und einem Mädchen, an dem kärglich bedienten Tisch. Zwar gibt es auch hier Barches und Fische, und die fette Buttersauce läuft der Hausfrau die wulstigen Lippen hinunter, aber der Schneider, trotz seiner Dürre, ist ein mächtiger Esser und er nörgelt, daß es keinen Nachtisch und keinen Kuchen gibt. Die ganze Woche rackere er sich ab, und wenn der Sabbath da ist, dann sei Schmalhans noch Küchenmeister.

Die dicke Frau Butterfaß seufzt, daß die Bluse zu platzen droht, und sie kaut mit beiden Backen, daß sie kein Wort hervorzubringen vermag, aber dennoch findet sich eine Ruhepause und sie beginnt zu klagen, daß das Wirtschaftsgeld nicht reiche, daß es an Kohlen fehle, den feuchten Keller zu heizen und niemals Geld da sei, um die Kinder anständig zu bekleiden. Unter solchen Umständen sei sie nicht imstande, noch Leckereien auf den Tisch zu bringen. Und wenn der Herr Butterfaß sich größere Genüsse leisten wollte, so möchte er gefälligst mehr Geld verdienen.

Diese dreiste Anspielung gefiel dem Schneider ganz und garnicht, denn er arbeitete wirklich von morgens bis abends und gönnte sich die ganze Woche keine Ruhe.

Die Keckheit seiner Frau stieg ihm daher in den Kopf, er schimpfte und fluchte, daß die Kinder Furcht bekamen und zu weinen begannen, und er jammerte, daß es ein Höllenleben sei, ein Schneider zu sein, der zu nichts komme trotz Fleiß und Mühe und aller Sparsamkeit.

Der dicken Frau Butterfaß fiel es garnicht ein, ihren Mann zu trösten, sie hatte längst ihre eigene Meinung über den Weg zum Reichtum, denn wenn der Schneider sich schon in aller Frühe abplagte, stand sie mit den Weibern der Nachbarschaft auf der Straße oder in den Geschäften umher und vernahm dies und jenes.

Und heute abend, wo die Sabbathkerzen brannten, schien ihr just der rechte Augenblick gekommen, auch ihrem Mann den Weg zu weisen, den er endlich zu betreten hätte, um zu einem ruhigeren Leben und zu Wohlstand zu gelangen. Und ihre Wangen glühten vor innerer Erregung, als sie, scheu sich umblickend, ob jemand etwas hörte, vorsichtig und leise sprach:

„Mei Sallileben, wie oft hab ich dir bedauert, wenn de den ganzen Tag krumm auf'm Tisch gesessen, de Beine untergeschlagen und de Arme nebbich immer in de Höh geflitzt und genäht und genäht den geschlagenen Tag und de halbe Nacht. Und ich hab mer immer gesagt, von de Arbeit is noch keiner nischt ä Kozen geworden. Wirf deine scheinen Augen hin wo de willst, Sallileben, überall hab'n de Leite Geld, und de Weiber geh'n rum in Samt und Seide und mit Pelzen und Brillanten. Und keiner arbeit't nischt wie du und rackert sich nischt ab wie du! Warum?! Weil se nischt de Pernosse * hab'n von de Arbeit, sondern von de Chochme! Arbeit' lieber ä

* Pernosse = Existenz

bissel wen'ger und geh hinaus unter de Jüden und sieh zu, ob de nischt kannst mach'n auch solche Geschäft, wie jene. Und wie oft trifft's sich, daß ä Schneider kann kaufen ä Stück Geneiwe*, wo man könnt mach'n draus ä Anzug. Schon hättste verdient ä paar Goldstücker for nischt. Und ä paar Mal so im Jahr und man könnt anschaffen sich ä Lagerche von Stoffen und könnt aufmach'n ä richtiges Geschäft, ä Gardrobenladen. Und de brauchst nischt mehr zu sitzen auf'm Tisch mit de untergeschlagenen Beine und de Arme brauchen nischt mehr zu flitzen in de Höh' und de hast dann nischt mehr nötig zu nähen und zu nähen und deine Frau könnt auch gehen in Samt und Seide und mer könnt'n Kuchen backen und uns ä Gans kaufen zu jedem Schabbes. Ist's nich äsoi, mei Sallileben?!"

Die kleinen Sabbathkerzchen im Schneiderkeller drohten zu erlöschen. Herr Butterfaß schaute sinnend in das sterbende Licht.

„Nicht ä jeder ist gebor'n für solche Geschäft", stöhnte er aus tiefer Brust, „ich bin gewesen ä ehrlicher Mann bis jetzt und hab gekonnt ruhig schlafen de Nacht. Wie Gott will!"

„Wie Gott will?!" fragte die Frau erstaunt, „und du denkst nicht an dein Weib und deine Kinder?!"

Die Lichter erloschen und hüllten den Keller in tiefe Dunkelheit.

„Gott wird helfen!" klang es leise aus dem Munde des Schneiders.

---

* Geneiwe = gestohlene Ware

Schmutzige Geschäfte.

Frau Raja Diamant hatte schon am nächsten Tage in den meistgelesenen Berliner Zeitungen ihre verfänglichen Anzeigen aufgegeben und bald schlichen sich zur Abendzeit in das Haus der Grenadierstraße zahlreiche Mädchen und Frauen, die den guten Rat und die oft gefährliche Hilfe der „weisen Frau“ aus Lodz in Anspruch nehmen mußten.

Unter dem zahlreichen weiblichen Material, das aus Eitelkeit, Leichtsinn, Lasterhaftigkeit und wirtschaftlicher Not auf die schiefe Ebene geraten war, konnte die ehemalige Hebamme geschickt ihre Auswahl treffen und ihren Verführungskünsten freien Lauf lassen. So fanden sich denn unter den jüngeren noch wenig verbrauchten Mädchen auch solche, die die Gelegenheit ins Ausland zu kommen, mit Freuden begrüßten. Teils hatten sie keine Rücksicht auf Verwandte zu nehmen, teils fürchteten sie, daß ihr bisheriger Lebenswandel in der Familie und in Bekanntenkreisen ruchbar werden würde, oder sie waren bereits mit der Polizei in Berührung gekommen und hatten alle Ursache den heimatlichen Boden zu verlassen. Andere wiederum waren arbeitsscheu und träge, sie hatten mehr Geld durch Hingabe an lüsterne Männer verdient, als durch regelmäßige Beschäftigung und hofften im Auslande ein noch freieres und schöneres Leben führen zu können.

Diese Mädchen waren zwar für alles zu haben und sie wären auch freiwillig in jedes Land und an jeden Ort gegangen, wenn sie gewußt hätten, welchem Zwecke sie zugeführt werden sollten. Dem ausländischen Bordellbesitzer lag aber an solcher „Ware“, die sehr billig auf den Markt kam, verteufelt wenig, er brauchte junges frisches unberührtes Blut für seine Feinschmeckerkundschaft, die eine Jungfrau hoch bewertete. Und deshalb wurden in der ganzen Welt Agenten in Bewegung gesetzt, koste es, was es wolle, das seltene Material zu beschaffen. Die Schwierigkeit andererseits, die darin bestand, Jungfrauen mit List und oft auch mit Gewalt ins Ausland zu verschleppen, führte denn schließlich auch dazu, daß die Bordellwirte getäuscht wurden und stark gemischte „Ware“ bekamen: ganz junge unberührte Mädchen und in den verschiedensten Abstufungen Frauenzimmer, an denen nichts mehr zu verderben war bis hinab zur äußerlich noch nicht ganz verbrauchten Gewohnheitsdirne jugendlichen Alters.

Über den wahren Zweck des „Engagements“ wurde vorsichtshalber keine unterrichtet, um die Behörden nicht auf das Treiben aufmerksam zu machen.

Inzwischen war Frau Diamant mit Herrn Pufeles häufiger zusammengetroffen und holte sich Rat von ihm, wie sie möglichst viel Kapital aus den ihr anhängenden weiblichen Elementen herausschlagen könnte.

Den Frauen und Mädchen wurde mangelhafte Ware zu hohen Preisen angedreht und auch Gelegenheit geboten, in der Wohnung ein geheimes Schäferstündchen abzuhalten. Hieraus entwickelte sich allmählich bei der Frau Diamant ein regelrechtes Absteigequartier. Und solche weiblichen Geschöpfe, die ein hübsches Gesicht und einen leidlichen Körper hatten, wurden Photographen zur Aufnahme schöner Bilder zugeführt.

Frau Diamant scheute vor nichts zurück, sie verkuppelte auch selbst die Pärchen, suchte die Freier unter ihren Schlafburschen und in der Gabel'schen Kneipe und verdiente so reichliches Geld, daß sie nicht nur ein behagliches Leben führen, sondern auch äußerlich ganz anders als früher auftreten konnte.

Nachdem die weibliche Ware zusammengestellt und sicher gemacht worden war, trat Herr Pufeles in Tätigkeit. Er setzte sich sogleich mit den ihm von Krakau her bekannten Bordellwirtinnen in Buenos Aires und anderen südamerikanischen Städten in Verbindung, knüpfte seine alten Beziehungen zu den Bordellhotels und Badestuben in den Balkanländern wieder an und ließ sich hoch klingende Briefbogen drucken, die auswärtige Geschäfte, Pensionate, Kaffeehäuser usw. vortäuschen sollten. Damit aber das Bestimmungsland unbekannt bliebe, beschaffte er sich auch Briefbogen und anderes Material fingierter Agenturen und Kommissionsgeschäfte in Hamburg, Bremen und Rotterdamm. Bei allen diesen Machenschaften leistete ihm von Niemßdorf, dem die schwierigsten Fälschungen geläufig waren, tatkräftige Hilfe.

Bei einer großen Zahl von Mädchen gelang der Transport mit Leichtigkeit, bei anderen stellten sich allerlei Hindernisse ein. Verwandte tauchten plötzlich auf, die gegen die Auslandsreise protestierten oder zum mindesten Garantieen verlangten. Und oft genug schien es so, als ob die Behörden zugreifen und die Mädchenhändlerbande unschädlich machen wollten. In derartigen verzweifelten Lagen trat immer von Niemßdorf auf den Plan. Er gab sich, wie es die Umstände gerade mit sich brachten, als Verwandter oder Vertreter des betreffenden ausländischen Hauses zu erkennen oder er spielte den Behörden gegenüber den Rechtsanwalt mit Geschick und Erfolg.

Da in diesen Kreisen jeder nur auf seinen eigenen Vorteil bedacht war und der eine den anderen ausbeutete, wurde Pufeles von dem ihm an Verschlagenheit und Tücke noch weit überlegenem von Niemßdorf dauernd empfindlich geschröpft. Der Verlust wurde dann von dem Galizier wieder so gut es ging aus den Mädchen herausgeholt oder aus anderen Geschäften nicht minder schmutziger Natur.

Am einträglichsten aber blieb noch immer die besondere Pfründe des Herrn Pufeles: der Handel mit Edelmetallen und Brillanten nach dem Ausland. Und hierzu bediente er sich von jetzt ab fast ausschließlich noch der Mädchentransporte nach Holland, die er auch selbst zu begleiten pflegte. Mit Hilfe der Frau Diamant, die natürlich entsprechend bezahlt wurde, gelang es ohne Mühe in die Kleider der Mädchen Brillanten und Gold- und Silbermünzen einzunähen. Durch gewisse Zeichen, die nur dem Eingeweihten erkennbar waren – kleine farbige Stiche am Rocksaum oder im Ärmel der Jacken und Mäntel – wußte Pufeles ganz genau, welche Schätze jede Trägerin barg.

Und da er außerdem noch eine Liste mit geheimen Schriftzeichen, die niemand lesen konnte, bei sich führte, hielt er sich vor jedem Verlust gesichert. Damit aber trotz alledem keine Verwechslung vorkomme und ihm auch keine der unbewußten Schmugglerinnen entwiche, hatte er es so eingerichtet, daß er die übrige Garderobe und Wäsche der Mädchen, die in Reisekörben verpackt war, persönlich überwachen konnte.

Wie jeder Verbrecher aber sehr oft seine Rechnung ohne vorausgesehene Zufälle macht, so ging ihm doch ab und zu ein Mädchen, das auf der Reise im Zuge oder auf den Bahnhöfen eine Herrenbekanntschaft machte, durch die Lappen. Herr Pufeles trauerte dann dem entsprungenen Frauenzimmer nicht nach, aber er jammerte und stöhnte tagelang über den Verlust seiner Kostbarkeiten, die vielleicht nie wieder ans Tageslicht gekommen sind oder nur durch einen Lumpenhändler, der die Kleider zertrennte, entdeckt wurden.

Größere und schwere Metallstücke und besonders kostbare Juwelen nahm der Galizier selbst mit über die Grenze, was auf folgende Weise geschah: Ein Schuhmacher in der Hirtenstraße, unweit der Grenadierstraße, der im Scheunenviertel an allerlei Merkwürdigkeiten gewöhnt war und nicht viel fragte, wenn ihm die Lippen durch eine entsprechend große Banknote verschlossen wurden, löste die Absätze von den Stiefeln des Herrn Pufeles, höhlte sie so weit aus, als es nur möglich war, und nachdem der Galizier seine Kostbarkeiten in diesem Hohlraum verstaut hatte, befestigte der Schuhmacher die Absätze wieder so geschickt, daß niemand von der vorgenommenen Operation etwas ahnte.

So wanderte das Landesvermögen in den Absätzen des Herrn Pufeles und in den Kleidern leichtfertiger Frauenzimmer über die Grenze. –

Gelegentlich einer solchen Fahrt nach dem Auslande brachte Herr Pufeles einen geheimnisvollen Fremden mit, den er bei Frau Machschewes einquartieren wollte, der aber mangels geeigneter Schlafgelegenheit bei Frau Diamant untergebracht werden mußte. Trotzdem hielt sich dieser Mann, der oft seines Namens wegen für einen Franzosen, oft auch für einen Engländer oder Holländer gehalten wurde, zumeist in der Wohnung der Frau Machschewes und in Gesellschaft des Herrn Pufeles auf, denn im Grunde war er von gleicher Art, Rasse und Herkunft.

Der Ausländer nannte sich Jules Samson, hieß aber in Wirklichkeit Juda Schammessohn. Vor vielen Jahren war er aus Polen oder Galizien ausgewandert, hatte sich in allen möglichen Ländern akklimatisiert und Sprachen gelernt und die Nationalität verschiedener Staaten angenommen, sodaß er nach Belieben mit den verschiedensten Ausweisen jonglieren und die mannigfaltigsten Konsulate und Behörden rupfen konnte.

So dunkel wie die Persönlichkeit des Mannes waren auch seine Geschäfte. Er handelte mit allem, mit toter und lebendiger Ware. Und wenn die Konjunktur schlecht stand, nahm er auch seine Zuflucht zu Scheckschwindeleien, Falschspiel, Taschendiebstahl und Eisenbahnraub.

Äußerlich ein vollendeter Gentleman und weder in Sprache und Sitten an seine Herkunft erinnernd, versuchte Jules Samson sich bei Frau Machschewes einzuschmeicheln und das Vertrauen ihrer Tochter Esther zu gewinnen. Er überhäufte die Familie mit Aufmerksamkeiten, ging mit Mutter und Tochter ins Theater und überschüttete die schöne Esther mit Geschenken. Frau Machschewes lebte einen herrlichen Tag und war von dem Fremden geradezu entzückt, aber ihrer nicht im geringsten materiell gerichteten Tochter behagte der Umgang mit Herrn Samson und dessen übertriebene Liebenswürdigkeit sehr wenig. Sie verstand die Schwärmerei ihrer Mutter nicht und wünschte nichts sehnlicher, als die baldigste Abreise des Fremden, in dessen Nähe sie ein geheimes Grauen empfand.

Die schöne Esther war trotz ihrer Jugend ein sehr aufgewecktes, in sich verschlossenes Mädchen, das sich trotz ihrer Umgebung immerhin eine gewisse Allgemeinbildung und Urteilsfähigkeit angeeignet hatte. Mangels einer bestimmten Vorbildung aber und sonstiger theoretischer und praktischer Kenntnisse des Geschäftslebens war es ihr dennoch nicht möglich sich einem bestimmten Beruf zu widmen und eine Stellung in Berlin anzunehmen. Und um eine berufsmäßige Laufbahn von vorn zu beginnen hatte sie nach der Ansicht derjenigen Kreise, in denen sie aufgewachsen war, das Alter weit überschritten, denn in ihrer östlichen Heimat werden die Mädchen schon im sehr jugendlichen Alter lediglich durch den Willen der Eltern verheiratet. Und diese

Überlieferung, der blinde Gehorsam Vater und Mutter gegenüber war es auch, der die schöne Esther zwang, sich der mütterlichen Gewalt widerspruchslos zu fügen.

Im allgemeinen hängen die Ostjuden ebenso wie ihre westlichen Glaubensgenossen mit besonderer Zärtlichkeit an ihren Kindern, weshalb bei diesen eine unbegrenzte Vertrauensseligkeit und Zuversicht für alle von den Eltern getroffenen Maßnahmen besteht, und das felsenfeste Vertrauen in die Weisheit und Erfahrung der Eltern keinerlei Bedenken aufkommen läßt.

Eine Ausnahme tritt nur ein, wenn weltfremde Mütter ohne Beistand männlicher Verwandter die Geschicke ihrer Töchter selbst zu lenken haben und die eigene Not den freien Blick in die Zukunft blendet. Ein solcher Fall lag bei Frau Machschewes vor; denn trotz ihrer materiellen Lebensanschauung und der Sucht nach dem Gelde lag ihr immer das Wohl ihrer Tochter am Herzen und nicht eine Augenblick war ihr bisher der Gedanke gekommen, daß die Ratschläge des Herrn Pufeles in bezug auf ihre Tochter unlauteren Zwecken dienten. So raffiniert wie diese Frau in geschäftlichen Dingen sich gebärdete, so einfältig war sie wiederum in allen Lebensfragen, und der trockene materielle Sinn hinderte sie andererseits nicht, sich utopistischen Zukunftshoffnungen hinzugeben. Nach ihrer naiven und zum Teil abergläubischen Auffassung vom Gottesbegriff war alles möglich, was Gott wollte. Und ihr Verhältnis zu Gott war ein rein persönliches. Sie glaubte, wie ein gehorsames Kind, daß ihre Bitten erfüllt würden, wenn sie sich befleißigte, die religiösen Vorschriften zu befolgen. Und wie Kinder aus Absicht und Unart entgegen den Anordnungen der Eltern handeln und durch Bitten und Besserungsversprechen immer wieder eine Versöhnung erwirken, so übertrat Frau Machschewes auch oft genug die religiösen Vorschriften, wenn sie ihr bei der Verfolgung eines geschäftlichen Zieles entgegenstanden, und sie versuchte dann am Sabbath oder an einem hohen Feiertag durch fleißiges Beten ihren Gott wieder zu versöhnen.

Und da sie von der ewigen Güte ihres Gottes und dessen unendlicher Versöhnlichkeit und Nachsicht so fest überzeugt war, wie ein Kind von dem unbegrenzten Wohlwollen der Eltern, so hielt sie ihre Sünde durch fleißiges Beten und gelegentliches Fasten gesühnt und scheute sich nicht, bald darauf – mit Rücksicht auf die ewige Huld des Höchsten – neue Sünden zu begehen.

Diese im Gegensatz zur Ethik des Mosaismus stehende naive Religionsübung in äußeren oder sophistischen Formeln ist im wesentlichen der klaffende Unterschied zwischen den Ostjuden und ihren westlichen Glaubensgenossen, die jede Gemeinschaft mit ihnen meiden.

Ebenso wenig aber, wie die verhängnisvollen Ratschläge des Herrn Pufeles in Frau Machschewes Bedenken hervorriefen, ließen die Liebenswürdigkeiten des Herrn Samson ihrer Tochter gegenüber irgendwelchen Verdacht aufkommen.

Dazu kam das Vorurteil, daß jeder reiche Mann auch ein guter Mensch sein müsse, und da Herr Pufeles von dem Reichtum des Fremden und dessen Geschäftshäusern in Rotterdam nicht genug rühmenswertes erzählen konnte, sonnte sich Frau Machschewes in der Gesellschaft der beiden Männer.

Als Joel Gewürz am Freitagabend mehr in seine Mansarde wankte, als ging, fand er seinen Zimmergenossen Pflaumenhaft in der Ecke sitzend und an einem trockenen Stück Barches kauend.

Pflaumenhaft hatte sich schon lange von dem jüdischen Rituell befreit, weil er in seinen dürftigen Verhältnissen keine Zeit und auch kein Geld hatte, Feste zu feiern. Außerdem lag ihm das internationale Menschentum näher, weil er schon von Jugend an mit dem russischen Proletariat mehr verwachsen war, als mit dem jüdisch-polnischen Kastengeist. Trotzdem freute er sich immer, wenn er an Feiertagen von einem Jüd etwas Gutes zu essen bekam und auf gleiche Weise war er auch heute zu dem Stück Barches gelangt, das ihm viel Freude bereitete.

Die Einladung des Joel bei dem Rabbinatskandidat war ihm bekannt, und er wunderte sich deshalb nicht wenig, seinen Stubengenossen statt fröhlichster Stimmung nach einem üppigen Mahl so niedergedrückt zurückkommen zu sehen. Auf seine Frage, ob er sich vielleicht nicht wohl fühle, weil ihm das gute Essen nicht bekömmlich gewesen sei, antwortete Joel Gewürz kein Wort, vielmehr setzte er sich schweigsam neben Pflaumenhaft, hielt die beiden Hände vor das Gesicht und versank in dumpfes Brüten.

Der Zimmergenosse, der trotz seiner niedrigen Abkunft ein weiches slawisches Herz hatte, legte seinen Arm um den Hals des Joel und sprach ihm solange gut zu, bis der Uhrmacher den Mund öffnete und das, was sein Herz bedrückte, freimütig beichtete.

So erfuhr Pflaumenhaft, daß Joel Gewürz hoffnungslos in Esther Machschewes verliebt sei, weil Moritz Feigenbaum die Absicht habe, um die Hand des Mädchens anzuhalten. Er tröstete den Zimmergenossen so gut er konnte und wies darauf hin, daß zwischen Absicht und Erfolg sehr oft noch ein weiter Weg sei. Gleichzeitig erzählte er, was ihm in der Gabel'schen Kneipe zu Gehör gekommen und daß der Pufeles zweifellos ein verkappter Mädchenhändler sei.

Joel Gewürz schreckte auf. Lange sah er dem Pflaumenhaft forschend ins Gesicht.

„Und du meinst", fragte er zögernd, „daß Estherchen in Gefahr sei, von dem dicken Jüd verschachert zu werden?"

„Nicht nur das!" bejahte der Zimmergenosse, „er hat jetzt sogar noch einen Fremden mitgebracht, der ihm sicher behilflich sein soll, denn ich hab oft geseh'n, wie die ganze Mischpoche schick angezogen spazieren gegangen ist. Und der Fremde schwänzelte immer um das Estherche herum!"

Der Seelenschmerz des Joel Gewürz wandelte sich plötzlich in männliche Entschlossenheit. Er reckte sich immer mehr in die Höhe, als ob er versuchen wollte, sich zu einem Riesen auszuwachsen, aber dennoch blieb er äußerlich das, was er war, ein kleiner verwachsener Mensch.

Innerlich aber hätte man den unscheinbaren Joel Gewürz nicht wiedererkannt, denn er faßte Entschlüsse, die an Mut und Kraft mit seiner Gebrechlichkeit nicht in Einklang zu bringen waren.

Mit geballten Fäusten, das Gesicht grübelnd zur Erde geneigt, schritt er solange in dem Zimmerchen auf und ab, bis er ermüdet auf sein Bett sank.

Liebeswerben.

Moritz Feigenbaum war mit Esther Machschewes bisher nur vorübergehend in der Synagoge und bei Wohltätigkeitsveranstaltungen in Berührung gekommen. Jetzt trieb es ihn mit elementarer Gewalt, sich ihr inniger zu nähern. Und da er ihre Lebensgewohnheiten kannte, gelang es ihm bald, ihr zu begegnen und einen Gedankenaustausch anzubahnen.

Esther, die sich in ihrer Umgebung nicht wohl fühlte und außerdem an einer erschlaffenden Langeweile litt, empfand schon nach den ersten Zusammenkünften in der Nähe des jungen Mannes ein erquickendes Gefühl innerer Zufriedenheit, ein bisher unbekanntes Wohlbehagen und eine frohe Gemütsstimmung, die im Gegensatz zu ihrem sonstigen Lebensernst ihr Welt und Menschentum in ganz anderem Lichte erscheinen ließen.

Aus den gelegentlichen Spaziergängen entwickelten sich bestimmte Stelldicheintage, die in einer Konditorei in der Neuen Friedrichstraße mit viel Humor und Gemüt verbracht wurden, und beinahe zum Überfluß noch ein reger brieflicher Verkehr.

Alles dies geschah heimlich ohne Wissen der Mutter; denn nach ostjüdischer Sitte durfte ein

Mädchen mit keinem jungen Manne, nicht einmal mit ihrem Verlobten, spazierengehen oder ohne Erlaubnis der Eltern brieflichen Gedankenaustausch pflegen.

Für Esther war demnach der ungezwungene Verkehr mit dem jungen Feigenbaum etwas außergewöhnlich Neues und Fremdartiges. Sie folgte ihrem natürlichen Trieb, ohne sich bewußt zu werden, daß aus dem harmlosen Umgang eine Liebschaft sich entwickeln könnte. Und obwohl die starke Zuneigung, die sie dem jungen Manne entgegenbrachte, nichts anders war als das Erwachen der Mädchenliebe, so verstand sie dennoch nicht, dieses Gefühl vernunftsgemäß richtig zu deuten, schon weil der Begriff Liebe ihr anders anerzogen war, als den Töchtern der westlichen Völker.

Bei den Ostjuden sind die Mädchen sehr früh über den Zweck ihres Daseins aufgeklärt. Sie wissen, daß sie von Gott bestimmt sind, Kinder zu gebären und eine Familie zu gründen. Und der für diesen Lebensberuf erforderliche Mann wird nach Familie, Charakter und Einkommen ausgewählt und dem Mädchen als Gatte zugeführt. Ohne Liebesempfinden wird die ostjüdische Ehe eingeleitet, aber die gemeinsame harte Lebensarbeit und der vererbte Familiensinn, wie besonders auch die herzliche Fürsorge, die die Eltern den Kindern gemeinsam entgegenbringen, führen in der ostjüdischen Ehe meistens zu einer außergewöhnlichen Liebe und Anhänglichkeit, sodaß Ehescheidungen sehr selten sind.

Esther Machschewes war also weit entfernt in Moritz Feigenbaum ihren zukünftigen Gatten zu ahnen.

Bei dem jungen Manne hingegen lagen die Dinge

ganz anders. In der Stadt Posen von Eltern mit deutscher Kultur erzogen und in einem deutschen Gymnasium unterrichtet, fühlte er ohne traditionellen Zwang frei und natürlich die Liebe zum Weibe in sich erwachen und nach den ersten Begegnungen mit dem schönen Mädchen, das ihm zunächst nur dem Äußeren und dem Wesen nach gefallen hatte, vertiefte sich der Gedanke, daß nur sie als sein Weib ihm das erhoffte Glück bereiten könnte.

Zwar fehlte ihr trotz allen Ernstes und natürlicher Intelligenz die weibliche Reife für einen deutschen Haushalt und die Festigkeit des Charakters, weil sie ihre fatalistische und auf Zweckmäßigkeit gerichtete Erziehung noch nicht überwunden hatte, aber dafür brachte sie soviel Naivität, Anpassungsfähigkeit und Reinheit des Herzens mit, daß der junge Mann von ihrem Wesen mehr entzückt war denn je und den Augenblick, sie um ihr Jawort zu bitten, nicht erwarten konnte.

Seit der Ankunft des Samson in Berlin nahmen die Geschäfte des Pufeles einen immer größeren Umfang an und er mußte Riesensummen eingeheimst haben, – nicht zum wenigsten durch den Mädchenhandel –, weil er sich jetzt auch öffentlich als wohlhabender Mann aufspielte und das Verlangen trug, aus dem gewohnten Kreis der Grenadierstraße nach dem Westen Berlins zu übersiedeln.

Diese Sehnsucht war nicht so leicht zu stillen, zumal es in Großberlin keine leeren Wohnungen gab und die Wohnungsämter streng darüber wachten, daß nur berechtigte und in den Listen eingetragene Personen Wohngelegenheiten bekämen.

Wie alle behördlichen Vorschriften und Gesetze auf einen Mann von der Art des Pufeles keinen Eindruck machten, so setzte er sich auch in diesem Falle darüber hinweg und mit Hilfe des von Niemßdorf gelang es ihm auch schließlich eine elegant eingerichtete Wohnung im vornehmsten Stadtviertel käuflich zu erwerben und das Wohnungsamt durch geschickte Winkelzüge zu täuschen.

Bei dieser Gelegenheit gab ihm der verkommene Assessor auch den Rat, seinen Namen etwas europäischer zu frisieren und dem ersten „e" einen Akzent zu geben, wodurch der Klang etwas Vornehmeres, Französisches bekäme. Herr Pufeles hieß also von nun an Pufèles (Püfähl gesprochen). Mit dem Umtaufen des Vornamens ging es nicht so glatt, da doch wenigstens die Anfangsbuchstaben der bisherigen Namen erhalten bleiben sollten und ein Vorname mit „N", Nathan ausgenommen, nicht so leicht zu finden war. Nathan klang aber beinahe ebenso galizisch wie Noa.

Herr von Niemßdorf machte deshalb den Vorschlag Noa in Nero zu verwandeln. „Wie heißt Nero?!", entgegnete Pufèles stürmisch, „'s ist doch ä Name for ä Hund!"

Der Assessor beschwichtigte ihn mit dem Hinweis, daß Nero ein großer und sehr gefürchteter römischer Kaiser gewesen sei.

„Wenn es is äsoi, dann könn'n Se mer zukünftig Mossiöh Nero Pufèles nennen, Herr Assessorleben!" erwiderte der Galizier schmunzelnd und gab seinem gerissenen und skrupellosen Helfer auch gleich den Auftrag, für neue Visitenkarten und Briefbogen zu sorgen.

In der eleganten Wohnung des Herrn Nero Pufèles ging es jetzt hoch her. Zwar hielt er sich keine Dienstboten und ließ den angesammelten Schmutz nur gelegentlich durch ein Reinigungsinstitut entfernen, aber jeden Abend war Gesellschaft mit musikalischen und deklamatorischen Darbietungen und ab und zu wurde auch das Tanzbein geschwungen. Vor allem aber diente ein Zimmer nur dem Spiel.

Die Gäste des Herrn Pufèles bestanden ausschließlich aus seinesgleichen: akklimatisierte Ostjuden mit deutscher Tünche, internationale Schieber, Abenteurer, leichtfertige Mädchen und berufsmäßige Kokotten ohne Heimatsgefühl. Letztere dienten nicht nur dem Liebesbedürfnis des Herrn Pufèles und seiner Gäste, sondern auch dem sogenannten künstlerischen Teil der Unterhaltung, dem Gesang und den Nackttänzen, wenn es Herrengesellschaft gab. An solchen Abenden bildete ein Spiel den Abschluß, wobei der Gastgeber in Gemeinschaft mit von Niemßdorf seine Gäste empfindlich rupfte, und so die Unkosten für die stattgehabte Veranstaltung nebst einem anständigen Gewinn wieder herausholte.

Da Süßstoff, Kokain und andere Medikamente gehandelt und verschoben wurden, kam es auch gelegentlich zu Kokain- und Opiumorgien, sodaß so ziemlich alle Laster, die es nur gibt, in der Wohnung des Herrn Nero Pufèles eine verständnisvolle Pflegestätte fanden.

Aus der Grenadierstraße wurde von den dortigen Bekannten und Geschäftsfreunden niemand in die neue Wohnung hinübergenommen, mit Ausnahme der Frau Diamant, die hier in ihrem richtigen Element war und der Frau Machschewes nebst ihrer Tochter.

Daß die ehemalige Wirtin des Hausherrn nur der schönen Esther wegen in den verworfenen Gesellschaftskreis hineingezogen wurde, war sofort ersichtlich, wenn man beobachtete, in welcher Weise Herr Pufèles und sein Freund Samson sich um das Mädchen bemühten.

Zunächst wurde Esther neu eingekleidet und nach der neuesten Mode im Gesellschaftsstil herausgeputzt, was dem Mädchen viel Freude bereitete. Dann erhielt sie von einer Dame Unterricht im gesellschaftlichen Benehmen und von einem älteren Herrn Unterweisung in den zeitgemäßen Tänzen.

Viel Sorgfalt wurde auf den Umgang mit den jüngeren Gästen des Herrn Pufèles gelegt, aber der Hausherr achtete streng darauf, daß die äußeren Formen des Anstandes bewahrt bleiben, wie auch Kokotten und leichtsinnige Mädchen nie in ihre Nähe kommen durften.

Auf diese Weise sollte Esther nur die Glanzseiten der Gesellschaft kennenlernen, durch Schmutz und Unsitte nicht mißtrauisch gemacht werden und ihr reines jungfräuliches Gemüt erhalten.

Diese raffinierte Züchtungsmethode einer für ein vornehmes Bordell bestimmten Jungfrau verfehlte ihre Wirkung nicht.

Und Esther, die bisher ein höheres Kulturleben noch nicht kennen gelernt hatte, erfreute sich des äußeren Glanzes und war entzückt von den Vergnügungen, die ihr geboten wurden.

Die heimlichen Zusammenkünfte mit Moritz Feigenbaum erlitten zwar durch die unerwartete gesellschaftliche Inanspruchnahme des Mädchens keinerlei Unterbrechung, wohl aber konnte der junge Mann aus den Schilderungen des geliebten Mädchens eine tiefe seelische Veränderung wahrnehmen, und es drängte sich ihm die schmerzvolle Überzeugung auf, daß Esther Machschewes auf dem besten Wege sei, in der Gesellschaft des Galiziers und seiner Freunde ihren Untergang zu finden.

Der junge Mann war so tief erschüttert und dauernd beunruhigt, daß er seine Seelenqual nicht allein mit sich herumtragen konnte, sondern seinem Schwager sich offenbarte.

Der Rabbinatskandidat machte ein sehr ernstes Gesicht, denn er wußte nicht nur, welche Gefahren die weltlichen Vergnügungen für ein reines Mädchen in der Sündenstadt Berlin bedeuteten, sondern er zweifelte auch nicht einen Augenblick daran, daß seine Landsleute, deren moralische und ethische Eigenschaften ihm wohl bekannt waren, mit der Esther Machschewes unlautere Zwecke verfolgten. Und zu dieser Erkenntnis gelangte er aus seiner praktischen Erfahrung, wonach keiner seiner Landsleute Aufwendungen für ein junges hübsches Mädchen machen würde, ohne ein lüsternes Ziel oder geldliche Interessen damit zu verbinden.

Das Ergebnis der Unterredung war, die viel umworbene Esther ihrem schädlichen Gesellschaftskreise dadurch am schnellsten zu entziehen, daß die Heirat beschleunigt werden sollte.

Der Rabbinatskandidat wollte es selbst übernehmen als Werber für seinen Schwager aufzutreten und Frau Machschewes zu besuchen.

Die ehemalige Leichenwäscherin empfing den Geistlichen mit kriecherischer Ergebenheit, und als sie vernommen, welchen Zweck der hohe Besuch habe, tat sie sehr geschmeichelt, daß sie die Ehre, die ihr und dem Estherchen durch die Werbung des Herrn Rebbe* zuteil geworden, wohl zu würdigen verstehe, daß es ihr aber in dem Augenblick noch nicht möglich sei, ihre Zustimmung zu geben, weil sie das Kind noch für sich gebrauche. Und gleichsam als eine Milderung der vorläufigen Ablehnung fügte sie hinzu:

„Sie werden begreifen, Herr Rebbe, daß ä Wittfrau wie ich möcht behalt'n ihr Töchterche solang man kennt find'n in ihr 'ne Stütze. Und grad jetzt, wo se könnt verdien'n ä gutt Stück Geld und se will sich such'n ä Stelle im Ausland und unterstütz'n eppes de arme Mamme, sag ich mer, man könnt noch wart'n ä Johr oder zwei. Heint verheirat't man de Töchter nich mehr so jung, wie zu meiner Zeit, Herr Rebbe! Und 's is gutt äsoi, denn was hat man gehatt davon, alt und grau is man geword'n und ä Wittfrau dazu. Und man kennt sich nischt ernährn, wenn man nich hätt wenigstens ä Freund und Landsmann, wie den gutten Herrn Pufeles, was sich jetzt nennt mit ä anderem Nam'n, französch, was weiß ich?!"

Frau Machschewes seufzte tief und schwieg.

Der Rabbinatskanditat versuchte zwar noch allerlei Gründe für eine baldige Verheiratung der Tochter vorzubringen, seine Bemühungen blieben jedoch erfolglos. Jedenfalls aber war er in seiner Überzeu-

* Rebbe = Rabbiner

gung dadurch bekräftigt, daß er den Eindruck gewann, in welch starkem Maße jener Herr Pufeles auf die Entschlußfähigkeit der Frau Machschewes eingewirkt habe. Und die erwähnte Absicht einer Reise des Mädchens ins Ausland, wovon sie selbst seinem Schwager bisher kein Wort gesprochen hatte, machte ihn stutzig und nachdenklich.

Inzwischen hatte auch Joel Gewürz versucht, sich der schönen Esther zu nähern, um sich mit ihr auszusprechen. Bei seiner Ungeschicklichkeit eine schwierige Aufgabe. Und der Anknüpfungspunkte gab es nur wenige. Am liebsten wäre er ihr an einem menschenleeren Ort begegnet, aber er wußte nicht wo, und auf der Straße mochte er sie nicht der Leute wegen ansprechen. Ebenso unmöglich war es in der Synagoge, weil dort die Männer und Frauen getrennt saßen und beim Gedränge nach Schluß des Gottesdienstes hätten andere vielleicht seine Worte hören können und ihn lächerlich gemacht.

So entschied er sich denn für einen der nächsten Sonnabendabende, wo die jüdischen Hausbewohner in der Gabel'schen Kneipe versammelt zu sein pflegten.

An dem bewußten Abend, den Joel für seine Liebeswerbung festsetzte, ging es in der Gabel'schen Kneipe ebenso lebhaft und bewegt zu, wie an jedem Sonnabend. Die Tische waren wieder dicht besetzt und die zahlreichen Gäste, Männer und Weiber, promenierten kauend und schwatzend auf und ab.

Joel Gewürz mischte sich unter die Gäste, verzehrte am Schanktisch eine Schmalzstulle und beobachtete hinter dem Glas Tee, das er in der Hand hielt, Esther Machschewes, die unter fremden Herren allein an einem Tische saß und offenbar auf ihre Mutter wartete.

Und als einer der Herren sich erhob, um hinauszugehen, benutzte der verliebte Uhrmacher diese günstige Gelegenheit, so schnell es seine kleine schmächtige Gestalt vermochte, zu dem leeren Platz neben dem angebeteten Mädchen zu gelangen.

Bei dem herrschenden Gedränge und der Rücksichtslosigkeit der Gäste glich dieser Weg einem Spießrutenlaufen, und tatsächlich kam Joel Gewürz fast außer Atem, mit schief auf dem Kopf sitzendem Hute, Schweißperlen im Gesicht und das Glas Tee krampfhaft in der Hand, an den ersehnten Tisch.

Höflich und mit betonter Ergebenheit, einige Entschuldigungsworte verlegen vor sich hin murmelnd, lüftete er den Hut – was in diesen Kreisen sehr ungewöhnlich ist – und setzte sich auf den leeren Stuhl.

Nunmehr aber fehlte es an der notwendigen Einleitung, denn der verliebte Uhrmacher, der heute Abend das Glück hatte neben seinem Idol zu sitzen, war nicht imstande, auch nur ein einziges Wort hervorzubringen.

Mehrmals versuchte er es, aber der Anlauf, den er durch die Luftröhre nahm, blieb in den Stimmbändern stecken, weil ihm die Kehle zugeschnürt war. Er versuchte mit dem Kopfe nachzuhelfen und drückte und drückte, aber nur mit dem einem Erfolge, daß sein Gesicht wie bei einem Erstickungsanfalle rot und blau wurde.

Dieses sonderbare Benehmen war der schönen Esther bereits aufgefallen. Zuerst tat sie so, als ob sie nichts bemerkte und ließ ihre Augen umherschweifen, um den Eindruck zu erwecken, daß sie nach jemandem Umschau halte. Schließlich aber kam ihr der kleine verwachsene Mann, der ihr dem Ansehen und Namen nach wohl bekannt war, so komisch vor, daß sie seine Schluckbewegungen dreist lächelnd verfolgte und ihm vergnügliche Blicke zuwarf.

Als Joel Gewürz die lachenden Augen der Esther auf sich ruhen fühlte, überkam ihn eine außergewöhnliche Kraft und Entschlossenheit. Er erhob sich noch einmal, lüftete wieder den Hut und sagte in gutem Hochdeutsch, das er geflissentlich gelernt hatte:

„Entschuldigen Sie, Fräulein Esther, wenn ich an Ihrem Tisch Platz genommen habe, es war dies mein sehnlichster Wunsch seit langer Zeit. Sie kennen mich nur oberflächlich von der Kille* her und nur als einen kleinen verwachsenen Mann. Aber der Schein trügt, liebes Fräulein Esther! Hinter meiner unauffälligen, kleinen und verwachsenen Persönlichkeit verbirgt sich viel mehr, als Sie ahnen, nämlich ein großes Herz voll Gemüt und Liebe!"

Das Mädchen hörte schon nach den ersten Worten zu lächeln auf, denn die Art, wie der Uhrmacher sprach, gefiel ihr, und der kleine Mann, den man überall einen Chammer nannte, schien ihr ein ganz vernünftiger überlegender Mensch zu sein. Nur, weshalb er ihr das alles erzählte, konnte sie nicht begreifen und aus diesem Grunde, da sie eben nicht wußte, was sie antworten sollte, schwieg sie auch.

---

* Kille = Gemeinde

Joel Gewürz nahm wieder einen Anlauf und stotterte dann hastiger als vorher:

„Sehen Sie, – hören Sie – mein liebes Fräulein Esther, so ist es eben, – so hat man's in der Welt. Man wird für – etwas gehalten – und man ist doch ein anderer. Und die Mädchen, – nun die Mädchen denken, – wenn der Mann nicht groß und hübsch und ansehnlich ist, – dann kann er nicht lieben. So denken die Mädchen! Ich bin aber überzeugt, daß eine so große Mädchenseele, wie die Ihre, anders denkt und – fühlt, und vielleicht auch etwas – Mitleid fühlt. Seit langer Zeit sehne ich mich, Sie zu sprechen und Ihnen etwas zu sagen, was mich ungesprochen erwürgt. Ich kann es bei Gott nicht mehr ertragen, denn ich fühle und denke und denke und fühle nur immer eins. Gott hat es so gewollt, daß ich heute abend neben Ihnen sitze und es ist sein Wille, daß ich es Ihnen gestehe, wie es mich peinigt und quält bei Tag und Nacht und mich siech und krank macht, wie einen Geschlagenen. Und so geschlagen bin ich, daß ich ein großes Weh in meinem Herzen fühle und es nur eine einzige Heilung gibt, nämlich Ihr Erbarmen und Mitleid mit einem kleinen verwachsenen Mann, der nur für Sie denkt und lebt und arbeiten will sein ganzes Leben lang, bis das Blut ihm aus den Knochen kommt, weil er in Ihnen sieht seine Erlösung und sein ganzes Glück. Liebes Fräulein Esther, erhören Sie mich, weisen Sie mich nicht zurück, glauben Sie an meine grenzenlose Liebe wie an die Offenbarung der Thora und sagen Sie mir, daß Sie vielleicht, wenn Gott es will und wenn Sie mich als das erkannt haben, was ich Ihnen auf die Thora schwöre, vielleicht, vielleicht doch werden können mein Weib!"

Die letzten stürmisch gesprochenen Worte ließen das Mädchen heftig erröten, denn auf solchen Ausgang der Rede war sie nie und nimmer gefaßt und sie gebrauchte eine gewisse Zeit, um aus der Verblüffung zu erwachen. Dann aber konnte sie nicht länger an sich halten und lachte minutenlang, lachte so herzlich, daß ihr Tränen aus den Augen flossen und ein großer Teil der Gäste sich herandrängte, um den Ursprung des übermütigen Gelächters zu ergründen. In diesem Augenblick kam auch Frau Machschewes herbei und zwängte sich durch die Menge. Als sie von ihrer Tochter erfuhr, was sich soeben zugetragen, verfiel sie ebenfalls einem krampfhaften Lachen und brüllte so laut sie konnte: „Platzen könnt ma vor Lachen, platzen! Hört, ihr Leut, ich hab ä Schwiegersuhn! Der Eules* hier hat mein Tochter ä Heiratsantrag gemacht!"

Wie ein Funkspruch verbreitete sich die Nachricht durch das ganze Lokal, der „Chammer" habe soeben der Esther Machschewes einen Heiratsantrag gemacht, und im Nu brauste ein unbändiges Geheul durch die Menge. Selbst aus dem hinteren Stübchen liefen die Gäste zusammen, um sich den verliebten „Eules" anzusehen und von überall her erscholl der Ruf: „Der Chammer, der Chammer!" Es wurde gegröhlt und gejohlt und gelacht und es wurden Spottlieder auf den Chammer gesungen und zwischendurch erscholl es immer wieder: der Chammer, der Chammerbock, er liebt de Zigge, der Chammer, der

* Eules = der Bucklige

Chammer . . .! Dem bedauernswerten Joel wurde es glühend heiß auf seinem Stuhl. Am liebsten wäre er aufgesprungen und davon gelaufen. Aber erst mußte er sich durch die Menschenmenge, die ihn lachend und scherzend umgab, einen Weg bahnen. Und als er sich endlich erhoben hatte, weil er fürchtete aus Wut und Scham die Besinnung zu verlieren und sich noch lächerlicher zu machen, da ergriffen ihn ein paar derbe Fäuste, hoben ihn wie eine zappelnde Katze in die Höhe und trugen ihn unter allgemeinem Geschrei und Gelächter hinaus, dann warfen sie ihm den Hut, der hierbei vom Kopf gefallen war, hinterher.

Kurz darauf öffnete sich wieder die Tür, Joel Gewürz, blutrot im Gesicht, den Halskragen verschoben und die Haare zerzaust, stürzte wild herein und schrie aus Leibeskräften: „Gott soll euch strafen alle mitanand, ä schwarz Jahr sollt ihr haben alle mitanand und ä Buckel sollt ihr kriggen alle mitanand, wie ich!"

Dann warf er die Türe krachend zu.

Und im Gabel'schen Lokal erhob sich ein unbändiges Geheul, das minutenlang andauerte.

Als Joel sein Zimmer betrat, zitterte er am ganzen Leibe, warf sich aufs Bett und stöhnte und ächzte wie ein Schwerkranker. Und während er sich herumwälzte und in verhaltener Wut sein Gesicht zerkratzte, kreischte er laut auf und schlug mit den geballten Fäusten gegen die Wand.

Durch den Lärm herbeigerufen kam Frau Schüßler, seine Wirtin, aus der Küche, und da sie glaubte, daß der kleine Gewürz plötzlich von heftigen Krämpfen befallen sei, eilte sie auf ihn zu, nahm seinen Kopf in ihre Arme und indem sie mit ihren weiblichen Händen ihm das Gesicht streichelte, bemühte sie sich, ihn zu beruhigen.

Der Uhrmacher hatte noch nie in seinem Leben eine zarte Frauenhand an seinem Körper gefühlt und empfand ein solches Wohlbehagen, daß das Schütteln seines ganzen Leibes allmählich nachließ und er in tiefen Schlaf versank.

Frau Schüßler zog ihm die Stiefel aus und deckte ihn zu.

Bei Morgengrauen erwacht, fand Joel seine Wirtin und den Zimmergenossen Pflaumenhaft an seinem Bette sitzen und Frau Schüßler erkundigte sich sehr teilnahmsvoll nach seinem Befinden.

Jetzt vermochte der unglückliche kleine Mann das schreckliche Erlebnis des gestrigen Abends nicht länger bei sich zu behalten, und erzählte in allen Einzelheiten, was sich in der Gabel'schen Kneipe zugetragen, als er endlich Gelegenheit fand, seiner geliebten Esther sich zu offenbaren.

Die Wirtin schwieg zunächst, weil sie tiefes Mitleid empfand und dennoch nicht wußte, ob es nicht angebrachter sei, dem so hoffnungslos verliebten Joel zu raten, seine Leidenschaft für das Mädchen zu unterdrücken.

In ähnlicher Weise dachte auch Pflaumenhaft, nur mit dem Unterschied, daß er von der entgegengesetzten Seite anfing und seinem Zimmergenossen klar zu machen suchte, daß Esther Machschewes sich ganz in den Händen des Herrn Pufeles und seines Freundes Samson befinde und wahrscheinlich sehr bald völlig verdorben sein werde. Zur näheren Begründung seiner Ansicht erzählte er dann, daß er von Pufeles in dessen neuer Wohnung jetzt viel beschäftigt werde und so Gelegenheit gehabt habe, in das dortige Treiben einen Einblick zu gewinnen. Äußerlich sehe und höre er nichts, weil er sein Brot verdienen müßte, aber seine persönliche Meinung, die er für sich behalte, könne ihm niemand nehmen. Jedenfalls sei das, was sich in der Wohnung des Pufeles von außen unsichtbar abspiele mit Worten überhaupt nicht zu schildern. Und er persönlich könne sich auch keine Vorstellung machen, weshalb so viele Mädchen ein- und ausgingen, mit Pufeles und Frau Diamant hinter verschlossenen Türen sprächen und Koffer und Körbe gepackt werden. Das alles sei sehr verdächtig. Und da Frau Machschewes mit ihrer Tochter dort verkehre, werde das Estherchen wohl nichts gutes lernen und es den Frauenzimmern bald gleich machen. Für einen strebsamen anständigen Mann sei das Mädchen nicht zur Frau geeignet und Joel täte gut, sich die ganze Sache aus dem Kopf zu schlagen.

Der Uhrmacher nahm beide Hände vor das Gesicht und stöhnte.

Jetzt griff auch Frau Schüßler ein. Wenn es so um das Mädchen stände, dann sei es freilich besser, aufrichtige Liebe nicht zu vergeuden, meinte sie, und wenngleich sie im Leben nicht weit herumgekommen sei, so könnte sie sich vom Hörensagen doch wohl vorstellen, was das merkwürdige Gebahren des Pufeles und der Frau Diamant mit den vielen Mädchen zu bedeuten habe. Wahrscheinlich handle es sich um das Verschachern der Frauenzimmer an Bordelle und vielleicht habe der dicke Jüd selbst solche Häuser in anderen Städten und sei nur nach

Berlin gekommen, um hier hübsche Mädchen für seine Zwecke zu suchen und abzuschieben. Und die Esther Machschewes sei vielleicht ein geeignetes Objekt dafür.

Joel Gewürz lauschte gespannt und seine Stirn verdüsterte sich, als er hörte, in welchen Kreisen sich seine Esther, die für ihn so rein wie ein Engel war, bewegte. Nur die Worte seiner Wirtin hatte er nicht verstanden und er fragte deshalb mit gespannter Miene, was das für ein Haus sei, ein Bordell.

Frau Schüßler wurde sehr verlegen und ihr blasses Gesicht überflog eine leichte Röte. Einen Augenblick überlegte sie, wie sie sich bestimmter ausdrükken sollte, dann sagte sie leise und gedehnt:

„In einem solchen Hause geben sich die Mädchen jedem Manne für Geld hin, aber das Geld steckt der Besitzer in seine Tasche und die Mädchen bleiben Sklavinnen, bis sie verbraucht sind. Dann wirft man sie auf die Straße, wo sie ihr lasterhaftes Leben fortsetzen, wenn sie nicht schon vorher durch Krankheit oder Siechtum verkommen!"

Joel Gewürz sprang wie ein wildes Tier aus dem Bett.

„Esther Machschewes eine Chonte*?!" kreischte er verzweifelt, „nur das nicht, nur das nicht, so wahr ich lebe!"

Kein Zureden, kein Bitten half. Der kleine Mann irrte wie geistesabwesend im Zimmer umher, sprach verwirrte Sätze vor sich hin und gestikulierte drohend mit den Armen.

---

* Chonte = Dirne

Der große Schlag.

Der Hausbesitzer Gedalje Chill mußte dringend nach Leipzig reisen, aber wegen seiner unsicheren Mieter verschob er die Fahrt bis nach dem ersten des Monats, um den Mietzins wenigstens vollzählig eingetrieben zu haben.

In der Nacht, die seiner Abreise folgte, wurde der geplante Einbruch zur Tat.

Als Frau Toches morgens erwachte und das Wohnzimmer betrat, fand sie dort die entsetzlichste Unordnung. Der Schreibtisch war erbrochen, die Schublade stand auf dem Fußboden und ringsherum zerstreut, zusammengeballt und zertreten lagen allerlei Schriftstücke. Die bis an den Rand gefüllt gewesene Geldkassette war aufgeklappt und glich in ihrer öden Leere einem heißhungrigen Rachen. Und die sonst so dickleibige in der Form Herrn Chill nicht unähnliche lederne Tasche, in deren vielfachen Fächern bisher säuberlich geordnet die größeren Kassenscheine sich befanden, lag daneben und machte den Eindruck einer nach Luft schnappenden Harmonika. Das im Hinterzimmer untergebrachte wertvolle Lager an Fellen und Stoffen war bis auf einige minderwertige Stücke ausgeräumt. Die Spitzbuben hatten gründliche Arbeit geleistet.

Kaum hatte die alte Frau das Unheil bemerkt, als sie, vor Angst und Schreck fast von Sinnen, unfrisiert, wie sie war und mit Unterrock und Nachtjacke bekleidet, aus der Wohnung stürzte und ein jämmerliches Geschrei erhob.

Mit ihrer klanglosen Fistelstimme und die Arme vor Verzweifelung wild um sich werfend erzählte sie den herbeigelaufenen Hausbewohnern immer wieder, was vorgefallen war und gab in hundertfachen Wiederholungen immer wieder in allen Einzelheiten eine Schilderung von der Beschaffenheit der ausgeplünderten Zimmer. Was die Hausbewohner zu ihr sagten, wie sie Verdachtsmomente erforschen oder sie trösten wollten, verstand die taube Frau Toches nicht. Nur aus den Mienen entnahm sie die Neugierde und erzählte und erzählte immer von neuem. Und am Schluß jedes mit den gleichen Gesten vorgetragenen Berichts gab sie ihre Angst vor dem Hausherrn mit verzweifelter Gebärde zu erkennen und drohte, sich aufzuhängen.

Unter den Weibern, die die alte Wirtschafterin zu beruhigen versuchten, befand sich auch die Breitenbach, straßenfertig angezogen, weil sie in der Diebesnacht überhaupt nicht geschlafen hatte. Dies und die besondere Fürsorge der Frau Toches gegenüber, sowie die Bemühungen sie an weiterem Schreien zu verhindern und – aus Mitleid natürlich – in die Wohnung zurückzudrängen, fiel den Anwesenden keineswegs auf.

Das unnütze Geschwätz und Gezeter hätte vielleicht noch lange dauern können, wenn nicht Wolf

Gabel, der Gastwirt, kurz und entschlossen die Polizei alarmiert hätte.

Als die Beamten zur Feststellung des Tatbestandes eintrafen, war bereits eine große Menschenmenge vor dem Hause versammelt, vorwiegend Bewohner des Ghetto, Männer, Weiber und Kinder.

Das Ereignis gab dem ostjüdischen Witz reichliche Nahrung. Niemand hatte auch nur eine Spur von Mitleid für den als reich und geizig verschrienen Hausbesitzer. Die einen spöttelten, es wäre besser gewesen, wenn die Gannowim* auch das Fell des Herrn Chill mitgenommen hätten, die anderen meinten, da die minderwertige Ware zurückgeblieben sei, hätten die Spitzbuben mit dem Scharfblick eines Fachmanns ganz richtig gehandelt. Und ein altes zerlumptes Weib fügte sarkastisch hinzu, das Unglück sei doch garnicht so groß, da man dem Chill doch wenigstens den Toches** belassen habe.

Diese trockene Bemerkung verursachte ein allgemeines Gelächter und trug der alten Spötterin reichlichen Beifall ein, aber sofort hagelte es allerlei Zoten, die sich auf die Brummigkeit, Schwatzhaftigkeit und Taubheit der Wirtschafterin des Hausbesitzers bezogen.

Die Eigenart der Ghettobewohner sowohl wie auch das Fehlen besonderer Merkmale erschwerten der Polizei die Nachforschungen sehr, denn es war von vornherein klar, daß die gestohlene Ware schnellstens in derselben Gegend, wahrscheinlich sogar schon in der Diebstahlsnacht, verkauft worden

---

* Gannowim = Spitzbuben
** Toches – Hinterteil

war. Und da als Hehler zweifellos Ostjuden in Betracht kamen, die jeden Posten Ware ohne Schwierigkeit über die Grenze schaffen konnten, bestand zunächst wenig Hoffnung, die geraubten Schätze wiederzugewinnen.

Eine Umfrage bei den Händlern und in den Kneipen des Ghettos hatte denn auch das erwartete negative Ergebnis.

Und doch war eine Person in dem Hause, die sehr rasch auf die Fährte der Verbrecher hätte lenken können, wenn man sie befragt hätte, aber niemand dachte an sie, am wenigsten die Kriminalpolizei.

In der Mansarde des vierten Stockwerks nämlich hauste einsam und verlassen in einem kleinen Hinterzimmerchen eine fünfundsiebzigjährige Almosenempfängerin Fräulein Agate Brinkmann gegenüber der Stube des Hugo Schramm.

Kein Mensch kümmerte sich um die alte Jungfer, die wegen der vielen Treppen auch nur selten ausging und nur in den ersten Tagen eines Monats, wenn die Almosen eintrafen, ihre Einkäufe für die nächsten vier Wochen besorgte.

Auch sonst kam die Alte nie in einen Menschenkreis. Verwandte hatte sie nicht, und das einzige Individuum, das je ihre Stube betrat, war nur der Geldbriefträger, wenn er ihr die paar Zehrpfennige brachte.

Durch die völlige Abgeschiedenheit wurde Fräulein Brinkmann noch wunderlicher als sie ihrer Veranlagung nach schon war. Ihre einzige Beschäftigung bestand im Säubern ihres Zimmerchens und im Schlafen. Das bißchen Kochen, das sie auf dem eisernen kleinen Ofen, der auch den Raum im Winter heizen mußte, besorgte, war bald erledigt, denn mehr als zu einem Süppchen reichte es nie.

Es reichte überhaupt zu nichts, kaum zu einer Preßkohle täglich, um die kalte Luft anzuwärmen. Und deshalb gehörte zu den vielen absonderlichen Angewohnheiten der alten Jungfer auch das ununterbrochene Händereiben. Wer Fräulein Brinkmann je gesehen hat, konnte nie vergessen, wie sie mit seltener Ausdauer ihre blauroten an den Gelenken mit dicken Knoten behafteten Hände bearbeitete.

In der fraglichen Diebesnacht nun, etwa zwischen drei bis vier Uhr früh verspürte die Almosenempfängerin, wahrscheinlich infolge einer Verdauungsstörung, ein natürliches Bedürfnis und sie eilte in notdürftigster Kleidung, ein Licht in der Hand, zu dem nahen Abort, der sich auf dem gemeinsamen Korridor der Mansardenbewohner befand.

Als sie nun nach einigen Minuten ihr Zimmerchen wieder aufsuchen wollte, hörte sie leise Schritte auf der Treppe. Neugierig bleib sie stehen und im nächsten Augenblick trat ihr der Nachbar Hugo Schramm, etwas verstört und aufgeregt, einen Pack Stoffe und Felle im Arm, entgegen.

Der Verbrecher, der wohl zuerst an ein Gespenst glauben mochte, als er die hexenähnliche Erscheinung der alten Jungfer vor sich sah, prallte zurück und war dicht daran, wieder schleunigst umzukehren. Aber die Peitsche des unreinen Gewissens, die ihn zur Eile antrieb, jagte ihn auch sofort wieder vorwärts und mit einem Satz verschwand er in seinem Zimmer. Fräulein Brinkmann glaubte nicht an schlechte Menschen. Da sie nie etwas besessen hatte, wurde ihr auch nichts gestohlen, und weil sie fast ihr ganzes Leben hindurch die Mildtätigkeit ihrer Mitmenschen in Anspruch nehmen mußte, hatte sich in ihr nur die Vorstellung von der Güte der Menschen und ein gewisses Dankbarkeitsgefühl entwickelt.

Die nicht alltägliche Erscheinung des Verbrechers zu nachtschlafener Zeit, mit Waren bepackt und ersichtlich verwirrt, konnte daher bei der guten Jungfer Brinkmann nicht die geringste Verdächtigung erwecken.

Um so nachhaltiger aber wirkte die unerwartete Begegnung nach der anderen Seite.

„Schlidderhujo" hätte die harmlose Alte am liebsten erwürgt, so wütete es in ihm, daß ein lebender Mensch ihn kurz nach der Tat und noch dazu mit einem Teil des Raubes bepackt gesehen habe. Er zögerte einen Augenblick, ob er die „Hexe" nicht kaltmachen sollte, aber die Vernunft siegte und er kam zu der Erkenntnis, daß ein Mord in demselben Hause und seinem Zimmer gegenüber den Verdacht sofort auf ihn gelenkt haben würde. Er nahm sich nun vor, die Almosenempfängerin zu besuchen und herauszufühlen, ob sie gefährlich sei oder nicht. Im letzteren Falle würde er sie schon durch Liebenswürdigkeiten mundtot machen und auf seine Seite bringen.

Jetzt aber trieb es ihn zur Eile an, denn in wenigen Stunden konnte das Verbrechen bereits entdeckt sein. Er packte also den im Verhältnis zum gesamten Raub nur kleinen Posten Ware in einen Sack, brachte sein Zimmer vorsichtshalber in Ordnung und schlich in seiner Alltagskleidung hinaus.

Nach einigen Tagen kam der Hausbesitzer unangemeldet aus Leipzig zurück. Vergnügt schlenderte er die Treppen hinauf und freute sich schon im geheimen auf das überraschte Gesicht seiner Wirtschafterin.

Frau Toches war gerade in der Küche beschäftigt und hatte mit Wassereimer und Schrubber zu tun.

Infolge ihrer Taubheit konnte sie natürlich das Aufschließen der Wohnungstür nicht hören, und so stand Herr Chill, als sie sich zufällig umdrehte freundlich lächelnd an der Küchentüre.

In ihrer Bestürzung warf sie den Eimer um und dem Hausherrn das Wasser über die Stiefel, und es hätte nicht viel gefehlt, dann wäre sie mit dem Schrubberstil in seinen Spitzbauch gerannt.

So fürchterlich erregt war Frau Toches, daß sie kein Wort hervorzubringen vermochte, nicht einmal einen Willkommensgruß, und sie zitterte am ganzen Leibe und gebärdete sich überhaupt wie geistesabwesend.

Herr Chill schüttelte erstaunt den Kopf, denn er glaubte bestimmt, seiner betagten Haushälterin sei in der Zwischenzeit eine Gehirnader geplatzt, und zu dem sonstigen Gebrechen der Taubheit habe sich noch eine Geistesstörung gesellt oder zum mindesten habe sie noch die Sprache verloren, den bisher bemerkenswertesten Bestandteil ihres klapprigen Wesens. Aber als der Hausherr sich anschickte, die verdrehte Alte mit seiner Gegenwart nicht länger zu behelligen und das kleine Hinterzimmer zu betreten, um sein Warenlager feierlich zu begrüßen, da sprang Frau Toches wie von einer Tarantel gestochen in die Höhe, ergriff Herrn Chill am Rockzipfel und stotterte noch krächzender als sonst heraus:

„Um Gotteswillen, geh'n Se nischt ins Magazin, der Schlag kann Sie auf der Stelle rühr'n, lieber Herr Chill! Ä graußes Unglück is gekommen über uns, Gannovim – Gannovim sind gekommen zu uns schleichend über Nacht und hab'n gelatchenet* – gelatchenet sag' ich –, Gott soll sich erbarmen – Ihr ganzes Neschiris Regg'n Se sich nich auf, um Gotteswillen, regg'n Se sich bloß nich auf, Herr Chill, lieber Herr Chill, daß Ihn' nischt noch passiert ä graußeres Unglück . . .!"

Weiter kam Frau Toches, die ihre letzten Worte beinahe flehend hervorbrachte, nicht, denn während sie sich schluchzend auf den Küchenstuhl fallen ließ, wurde der Hausbesitzer kreidebleich, taumelte einer Ohnmacht nahe an die Wand und stürzte sich dann, die Hände über den Kopf zusammenschlagend, in das Wohnzimmer.

Als er die Schublade mit einem hastigen Griff herauszog und die Geldbehälter leer fand, stieß er einen markerschütternden Schrei aus, rannte schreiend und weinend in das kleine Hinterzimmer, und als er hier nur die leeren Regale sah, raufte er sich die Haare, riß sich die Weste auf und gebärdete sich wie ein Besessener, bis er schließlich jammernd und schluchzend wie ein verprügeltes Kind auf einen Stuhl sank.

Der Seelenschmerz aber, der den sonst so ruhigen Mann, an seiner empfindlichsten Stelle unsagbar schwer getroffen, so entsetzlich aus dem Gleichge-

* gelatchenet = gestohlen

wicht brachte und wie ein schwaches Kind zu Boden schmetterte, verwandelte sich sehr bald in eine unbändige Wut gegen seine Wirtschafterin.

Wie von Furien gepeitscht raste er in die Küche, ergriff die noch immer weinende Frau Toches mit beiden Händen, schüttelte ihren schmalen Körper, daß der Kopf wie ein Glockenschlägel hin und her pendelte und riß sie mit fürchterlichem Gebrüll in die Höhe.

Um sich ihr verständlich zu machen, schrie er aus Leibeskräften, sodaß wahrscheinlich das ganze Haus bis hinauf zur Mansarde sein Toben deutlich hören mußte:

„Sie gottverdammter Cheirisch*, wo sind Se gewesen, als de Gannovim eingebrochen?! Hab' ich Sie dazu hiergelassen, daß se mir hab'n gekonnt stehlen mein ganzes Neschiris?! Wenn se nur genomm'n hätt'n Sie selbst, was wär' ich gewesen for ä glücklicher Mensch! Mußt ich mer nehm'n so ä Cheirisch ins Haus und bin gestraft mei Lebenlang als ä armer geschlagener Mann!"

Herr Chill begann wieder zu weinen und zu jammern, während Frau Toches, nachdem ihr Glockenschlägel wieder zur Ruhe gekommen war, mit den kleinen Augen nervös zwinkernd fragte: „Hab'n Se mer eppes gesagt?"

Jetzt packte den Hausbesitzer die Wut noch mehr, mit einem Satz sprang er auf Frau Toches zu, ergriff sie mit der rechten Hand wie einen Bund Lappen, öffnete mit der linken die Tür und warf die Alte kurzerhand hinaus, indem er brüllte:

---

* Cheirisch = Taube

„Raus mit dem Stück Schlamassel*, nich ä bissel Brot is se wert!“ Dann warf er die Wohnungstür zu.

Auf das jämmerliche Geschrei der Wirtschafterin liefen die Hausbewohner wieder zusammen.

Frau Toches klagte und schluchzte herzzerbrechend: „Habt ihr nischt gehört, wie er hat getobt? Erwürgen wollt’ er mich, wo ich doch bin ganz unschuldig an dem Unglück, erwürgen! Nu is er geworden ganz meschügge**, hat ’m Gott gleich gestraft, weil er hat geschlag’n ä arme alte Frau. Nur der Schlag soll ihn rühr’n, nur der Schlag! Und platz’n soll er am best’n Jontef!“

Die Hausbewohner hatten alle Mitleid und bemühten sich die alte Frau zu trösten und zu beruhigen.

Die größte Teilnahme aber zeigten Kunze, der ausnahmsweise nüchtern aus der Fabrik gekommen war, und die Breitenbach. Beide stritten sich förmlich darum, wer die arme Frau Toches aufnehmen sollte.

---

* Schlamassel = Unglück
** meschügge = verrückt

Der „Chammer“ als Detektiv.

Wenige Tage nach dem Einbruch bei Chill stolzierte die Breitenbach in ganz neuem Gewande am Arm des „Schlidderhujo“, der seinerseits wieder den Eindruck eines vollkommenen Gentlemans machte. Da das Diebesgut innerhalb 24 Stunden verkauft worden war, brauchte er sein Heil in der Flucht nicht zu suchen. An dem Kauf der Felle und Stoffe hatte sich, wie nicht anders erwartet werden konnte, die ganze Gegend beteiligt, und mit Ausnahme kleinerer Stücke war die Ware auch bald aus Berlin und zum Teil auch über die Grenze verschoben.

Frau Butterfaß, die in einem benachbarten Bäkkerladen von den Mezzies* erfuhr und Gelegenheit hatte, einige Abschnitte Stoff billig zu kaufen, glaubte, ihren Mann damit zu erfreuen. Der Schneider war aber sehr unglücklich, als die holde Gattin die gestohlene Ware ins Haus brachte und wußte nicht, was er damit anfangen sollte. Er sagte sich, wenn er den Stoff verkaufe, könnte man ihn wegen Hehlerei einsperren, verkaufe er ihn nicht, dann verliere er eben sein Geld. Frau Butterfaß aber, die

* Mezzies = billige Ware

recht heftige Vorwürfe von ihrem Mann bekam, wußte auch hier wieder Rat. Sie meinte, es würde sich schon jemand finden, der einen Anzug bestelle und weit weg ginge, man brauche nur darauf zu achten, den Stoff keinem Einheimischen, sondern nur einem Fremden anzubieten.

Inzwischen war die Polizei doch nicht ganz untätig gewesen. Die geraubte Ware konnte zwar nirgends ermittelt werden, aber man sah sich denn doch die Hausbewohner etwas genauer an, weil man überzeugt war, daß nur Personen, die mit den Gepflogenheiten des Herrn Chill sich vertraut gemacht hatten, das Verbrechen ausgeführt haben konnten. Hierbei stellte die Polizei fest, daß dem in dem Hause als Gelegenheitsarbeiter gemeldeten Hugo Schramm wegen seiner empfindlichen Vorstrafen die Tat wohl zugetraut werden konnte. Eine plötzliche und geheime Haussuchung während der Abwesenheit des Verbrechers förderte zwar nichts Verdächtiges zutage, aber trotzdem wurde „Schlidderhujo" dauernd überwacht und Kriminalbeamte beobachteten unauffällig das Haus.

Joel Gewürz, der sich oft auf der Straße herumdrückte, weil er hoffte, seine geliebte Esther zu sehen, kam mit einem solchen Beamten bald in Unterhaltung. Er erzählte, ohne zu wissen, wen er vor sich habe, von allem, was sein Herz bedrückte, von Pufeles, dem eingewanderten Galizier, der sich jetzt einen fremdländisch klingenden Namen zugelegt habe und die Mädchen und Frauen so gewaltig beherrsche, daß sie sich von ihm an Bordelle verschachern ließen. Von den Frauenzimmern wußte er zu sprechen, die in dem Hause wohnten und sich plötzlich so elegant zu kleiden verständen und von dem Zuhälter, der vor kurzer Zeit noch ohne Halskragen herumlief und jetzt aussehe, wie ein Großkaufmann. Dies alles könne er als armseliger Uhrmacher, der kaum sein Brot verdiene, nicht begreifen. Wenn er Metallarbeiter wäre, wie der Kunze, der täglich mit einem Auto bis zur Weinmeisterstraßenecke fahre und immer mit anderen Mädchen am Arm gesehen werde und fast jeden Abend betrunken sei, ja, wenn er, der armselige Uhrmacher, auch Metallarbeiter wäre, dann würde er aus anderen Augen schauen. Aber so bei seiner kleinen verwachsenen Gestalt, ohne äußere Eleganz, gingen ihm die Mädchen aus dem Wege. Und die eine, um derentwegen er auf der Straße stehe, weil ihr Anblick ihm immer wieder neuen Lebensmut gebe, habe ihn zwar in der vorigen Woche, als er ihr einen Heiratsantrag machte, ausgelacht, aber er wolle die Hoffnung trotzdem nicht verlieren, weil er überzeugt sei, daß das Treiben des Pufeles und seiner Bande doch einmal ans Tageslicht kommen würde. Und dann werde seine geliebte Esther, aus den Klauen des Mädchenjägers befreit, wohl anderer Meinung werden. Er habe schon dafür gesorgt, daß ein Freund das Mädchen überwache und ihm über alles, was vorgehe, Mitteilung mache. Sollte der Pufeles auch gegen seine Esther etwas unternehmen, dann würde er schon im geeigneten Augenblick aus dem Hinterhalt hervorspringen und das Mädchen retten.

Dies sei überhaupt noch der einzige Lebenszweck, der ihn aufrecht erhalte. Denn, im Vertrauen gesagt, habe er noch einen gefährlichen Nebenbuhler, einen stattlich gewachsenen jungen Mann aus hochfeiner Familie, der sogar in seiner Gegenwart die Absicht ausgesprochen habe, das Mädchen zu heiraten. Hier werde aber nicht die schöne Gestalt, sondern die Intelligenz den Sieg davon tragen. Denn es sei doch natürlich, daß das Mädchen ihm aus Dankbarkeit die Hand reiche, wenn er es aus einer gefährlichen Lage befreit haben werde.

Dem Kriminalbeamten machte die Offenherzigkeit des kleinen Männchens viel Vergnügen. Er schmunzelte zwar über die geschilderten Liebesschmerzen und hatte wenig Hoffnung zu dem Selbstvertrauen des Buckligen, vermittels seiner Intelligenz einen stattlichen Nebenbuhler aus dem Felde zu schlagen, aber er hielt dennoch weitere Zusammenkünfte mit dem redseligen Uhrmacher für sehr wichtig, weil er hoffte, aus dessen Schwätzereien gewisse Anhaltspunkte für den Einbruch oder andere Verbrechen zu ermitteln.

Aus diesem Grunde zeigte er sich sehr teilnehmend und riet dem Joel Gewürz, seine Beobachtungen nur fortzusetzen und wenn er nach irgendeiner Richtung hin etwas Verdächtiges entdecke, sei es Diebstahl, Hehlerei oder Mädchenhandel, sofort zum nächsten Polizeirevier zu gehen und Anzeige zu erstatten.

Inzwischen war es Pufeles und seinem Helfer gelungen, Frau Machschewes zu überreden, ihre Zustimmung zu geben, daß Esther nach Rotterdam übersiedle, wo ihr eine Anstellung als Kassiererin in einem jüdischen Hotel geboten wurde.

Aufgrund der gefälschten Korrespondenz und eines ebenfalls gefälschten raffiniert zu Gunsten des Mädchens ausgeklügelten Vertrages, nach dem nicht nur die Kassiererin bei geringer Arbeitszeit ein glänzendes Gehalt bekommen sollte, sondern die Mutter auch mit einer monatlichen Rente von einigen hundert Gulden bedacht war, hielt Frau Machschewes das vorzügliche Angebot für einen besonderen Glücksfall und sich selbst für eine beneidenswerte Rentnerin. Sie bedankte sich daher sehr lebhaft bei Pufeles für seine uneigennützigen wirklich freundschaftlichen Bemühungen und bereitete nun alles für eine baldige Reise vor.

Als Esther von dem Pakt zwischen ihrer Mutter und Pufeles Kenntnis bekam, war sie zwar im ersten Augenblick etwas verblüfft, denn der Gedanke, zukünftig auf sich selbst angewiesen, unter fremden Leuten zu sein, ging ihr nicht so schnell in den Sinn, und sie weinte im Verborgenen manche Träne. Andererseits aber wurde sie so von Langeweile geplagt, daß sie sich nach einer Beschäftigung, die zugleich Zerstreuung sein sollte, sehnte, zumal die Vergnügungen in der Wohnung des Pufeles, nachdem ihre weibliche Eitelkeit befriedigt war, anfingen recht eintönig zu werden.

Als einziges Hindernis, das sie seelisch noch zu überwinden hatte, blieb ihre Neigung zu Moritz Feigenbaum, von dem sie sich auf längere Zeit nicht trennen mochte.

Bei der nächsten Zusammenkunft wurde die Frage der Übersiedlung nach Rotterdam eingehend erörtert. Der junge Mann war sehr erschreckt, als er von der geplanten Reise hörte und wollte nichts davon wissen, da er die Anstellungsgeschichte für

Schwindel hielt. Das Mädchen beteuerte aber, daß alles einwandfrei gehandhabt und von ihrer Mutter gründlich geprüft worden sei. Sogar eine Bestätigung des deutschen Konsulats in Rotterdam habe beigelegen, wonach es sich um ein erstklassiges vornehmes Hotel und um ehrenwerte Besitzer handle.

Moritz Feigenbaum konnte sich an diesem Tage so ohne weiteres nicht entschließen, er wollte über diesen Fall erst mit seinem Schwager beraten.

Auch der Rabbinatskandidat machte ein sehr bedenkliches Gesicht, als er von der Anstellung des Mädchens in Rotterdam erfuhr, und seine persönliche Überzeugung von unlauteren Machenschaften seiner Landsleute konnte auch durch das angebliche Empfehlungsschreiben des deutschen Konsulats nicht verdrängt werden. Schließlich aber kam man darin überein, daß es andererseits vielleicht nicht ungünstig wäre, wenn Esther Machschewes aus ihrer jetzigen Umgebung herauskäme, nur müßte man verhindern, daß sie in Rotterdam unter Umständen in eine noch schlechtere Gesellschaft verschachert würde. Und das Endergebnis der Beratung war, am nächsten Tage nach Esther's Abreise Moritz Feigenbaum nach Rotterdam zu schicken, wo er in dem fraglichen Hotel Wohnung nehmen und die weitere Entwicklung der Dinge beobachten könnte.

Der junge Mann war mit dieser salomonischen Lösung der wichtigen Frage sehr zufrieden und auch Esther freute sich unbändig, als sie bei der nächsten Zusammenkunft davon erfuhr.

Nunmehr wurde der Tag der Ausreise festgesetzt und Pflaumenhaft bekam von Pufeles den Auftrag, eine Unzahl Koffer, unter ihnen auch solche der

Esther Machschewes, zu einer bestimmten Stunde aus seiner Wohnung abzuholen und nach dem Bahnhof Friedrichstraße zu schaffen.

Pflaumenhaft hatte sich bisher als stiller und scharfer Beobachter erwiesen und erkannte auch diesmal, daß Esther nicht allein nach Rotterdam reisen werde, sondern mit ihr drei andere junge Mädchen, die mit Pufeles und Frau Diamant wochenlang vorher in Unterhandlung gestanden hatten.

Ebenso verdächtig war es ferner, daß Pufeles und sein Helfer, der geheimnisvolle Fremde, den Transport nicht nur begleiteten, sondern Pflaumenhaft auch strenge Anweisung gaben, über die Reise zu niemand zu sprechen und die Fahrkarten und Gepäckscheine nur einem von ihnen auszuhändigen. Selbst Frau Machschewes und deren Tochter sollten nicht erfahren, daß noch andere Mädchen mit ihr dieselbe Reise unternähmen. Pufeles versprach dem Gepäckversorger Pflaumenhaft schließlich für sein Schweigen und eine glatte Abwicklung der Sache eine besondere Vergütung, die er ihm in Form eines vordatierten Schecks bei der Abfahrt überreichen wollte.

Der Zimmergenosse des Joel Gewürz war als anspruchsloser Mensch keiner Bestechung zugänglich, wenn sein Gewissen dadurch belastet werden sollte. Außerdem war sein Haß gegen alle Kapitalisten und gegen Pufeles im besonderen so groß, daß er es für seine Pflicht hielt, wenigstens dem kleinen Uhrmacher von seinen Wahrnehmungen Kenntnis zu geben und vielleicht zur Aufdeckung einer Schmutzerei gegen Esther Machschewes beizutragen.

Als Joel Gewürz von der geplanten Abreise seines Idols in Begleitung des Pufeles, des Fremden und dreier Mädchen erfuhr, geriet er in die größte Aufregung und gebärdete sich wie toll.

Seine Verzweiflung wuchs von Stunde zu Stunde, weil er sich den Tatsachen gegenüber völlig machtlos fühlte. Da erinnerte er sich der mehrfachen Unterhaltungen mit dem unbekannten Herrn auf der Straße und es fiel ihm dessen Rat ein, sich bei etwaigen Verdachtsmomenten sofort an das nächste Polizeirevier zu wenden.

Schnell entschlossen eilte er wie er ging und stand nach der nächsten Polizeiwache in der Alexanderstraße und war nicht wenig erstaunt, dort seinen Ratgeber anzutreffen, der sich lächelnd als Kriminalbeamter legitimierte.

Da der Uhrmacher aus eigenen Beobachtungen nichts angeben konnte, wurde Pflaumenhaft, auf den er sich berief, zur Vernehmung nach der Wache geholt und ein umfangreiches Protokoll über alle Verdachtsmomente unter Angabe und Beschreibung der Persönlichkeiten aufgenommen.

Am nächsten Tage promenierten schon vom frühen Morgen an vier Kriminalbeamte unverdächtig auf dem Bahnsteig des Bahnhofs Friedrichstraße, von dem die Züge nach Holland abgelassen werden. Der Vorsicht wegen hatte sich die Polizei nicht auf die Angaben Pflaumenhafts in bezug auf die Abfahrtszeit verlassen, weil gewiegte Verbrecher aus Furcht vor Überraschungen oft noch im letzten Augenblick ihre Entschlüsse ändern und mit einem früheren Zuge abdampfen.

Diesmal aber bedurfte es der polizeilichen Vorsicht nicht; denn Pufeles war seiner Sache so sicher, daß er eine Viertelstunde vor Abgang des festgesetzten Zuges in Begleitung seines Helfers erschien und die bereits anwesende Weiblichkeit, bestehend aus Frau Machschewes, deren Tochter und drei anderen Mädchen nebst deren Anhang freundlich begrüßte. Die drei Mädchen wurden als Bekannte des Herrn Samson vorgestellt, der sich denn auch mit ihnen verabredungsgemäß bis zur Einfahrt des Zuges unterhielt, während der Galizier mit Esther und deren Mutter ein heiteres Gespräch begann.

Der Zug kam langsam und prustend heran. Frau Machschewes wurde etwas nervös und verfärbte sich. Der Augenblick des Abschieds stieg ihr trotz aller geldlichen Interessen ins Gemüt. Ihre Augen feuchteten sich und einige Tränentropfen kullerten hastig und verstohlen die Wangen hinunter. Pflaumenhaft, der hinzu kam, um den ihm versprochenen Bankscheck vor der Abfahrt in Empfang zu nehmen, lenkte die Aufmerksamkeit der Beteiligten etwas auf sich.

Als die drei Mädchen aber mit Samson eingestiegen waren, begann Frau Machschewes wieder zu weinen. Esther zögerte etwas, um ihrer Mutter dann heftig weinend um den Hals zu fallen.

Der Galizier, innerlich selbst sehr erregt, äußerlich jedoch kalt und entschlossen, riß das Mädchen mit sanfter Gewalt von der Mutter und war gerade im Begriff, sie die Stufen des D-Zuges hinaufzuschieben, als ein Kriminalbeamter die Hand auf seine Schulter legte und ihn für verhaftet erklärte. Ebenso wurde Samson mit den drei Mädchen aus dem Zuge geholt und Frau Machschewes ebenfalls für verhaftet erklärt.

Die Wirkung dieses raschen polizeilichen Zugriffs war eine verblüffende, aber dennoch bei den Verhafteten sehr verschieden.

Esther konnte nicht begreifen, um was es sich handelte, sie schaute sich fragend um, blickte auf die vier bürgerlich gekleideten Männer mit den ernsten Gesichtern und war erstaunt, daß ihre Mutter so herzzerbrechend weinte, obwohl ihr niemand etwas tat. Und noch weniger verstand sie es, als Frau Machschewes sich aufs Bitten verlegte und immer wieder beteuerte, sie hätte doch nichts verbrochen und man möge sie doch freigeben. Auch die anderen drei Mädchen konnten sich den Vorgang nicht erklären, sie schienen nur betrübt, daß die Reise jetzt allem Anscheine nach verzögert werden würde. Vergebens bemühten sich die ahnungslosen Verwandten dieser Mädchen von den Kriminalbeamten eine Aufklärung über den Vorfall zu erlangen, sie wurden kurzerhand mit dem Bemerken abgewiesen, sie möchten sich morgen früh nach dem Polizeipräsidium begeben.

Samson trug sein Schicksal mit zynischer Gleichgültigkeit, er befand sich offenbar nicht das erste Mal in solcher peinlichen Lage, und das Lächeln, das um seine schmalen Lippen spielte, schien anzudeuten, daß er berechtigte Gründe habe, bald wieder freigelassen zu werden.

Für Pufeles bedeutete die Verhaftung offenbar einen harten Schlag, denn er verlor für einen Augenblick die Fassung und schien umzubrechen. Sein Gesicht wurde plötzlich grau und grün und seine sonst so blitzenden Augen verloren an Glanz. Er murmelte verlegen einige unverständliche Worte vor sich hin und blickte sich scheu um. In seinem Gehirn aber jagten die Gedanken durcheinander und suchten bohrend nach einem Ausweg zur Flucht. Und je eindringlicher er sich geistig damit beschäftigte, wie er dem vernichtenden Geschick entgehen könnte, desto ruhiger wurde er äußerlich. Sein Gesicht bekam allmählich wieder die natürliche gelbe Färbung und die Augen blitzten vielleicht noch lebhafter und listiger als sonst.

Lächelnd und mit gleichgültigster Miene folgte er den Kriminalbeamten zur Sperre.

Als die Gruppe aber an einem jener Fahrstühle vorbeikam, die das Gepäck von der Aufgabestelle in Wagen nach dem Bahnsteig zu befördern haben, und der leere Fahrstuhl sich schon in die Tiefe zu senken begann, sprang er mit einem kurzen Satz über das niedrige Absperrungsgitter, und da diese Fahrstühle nicht angehalten werden können, sauste er mit dem Gepäckbeamten in die Tiefe.

Diese verwegene Flucht war das Werk einer einzigen Sekunde.

Zwei Kriminalbeamte liefen natürlich sofort nach der Abfertigungsstelle, aber von Pufeles war selbstverständlich keine Spur mehr zu entdecken.

Eine noch am selben Tage vorgenommene Haussuchung ergab denn auch ein reichhaltiges Belastungsmaterial für die verschiedenartigsten Verbrechen, insbesondere den einwandfreien Beweis der vollzogenen Verkuppelung der Mädchen an holländische Freudenhäuser.

Joel Gewürz hatte sich rechtzeitig eingefunden, um, hinter dem Wartehäuschen versteckt, den Ausgang des polizeilichen Unternehmens beobachten zu können. Sein Herz hüpfte vor Freude, als er sah, wie die Beamten zugriffen und so die Abfahrt verhinderten. Die Flucht des Hauptschuldigen, die auf dem Bahnsteig ungeheures Aufsehen erregte, ließ ihn kühl, denn der Gedanke, sein Estherchen nun in Sicherheit zu wissen, beherrschte sein Gemüt völlig und machte ihn überglücklich. Er kam sich beinahe selbst wie ein Held vor. Und aus diesem in ihm erwachten Selbstbewußtsein schöpfte er auch den Mut, sich an die Gruppe heranzuschleichen und das Mädchen auf der Straße anzusprechen, als es von Pflaumenhaft nach Hause begleitet wurde.

Esther Machschewes weinte auf dem ganzen Wege still vor sich hin, weil ihr Herz wegen der Abwesenheit der Mutter so beklommen war und sie nicht wußte, wann sie ihre Mutter wiedersehen würde.

Joel glaubte gerade in dieser Verfassung den besten Anknüpfungspunkt zu haben, er trat langsam an ihre Seite und sprach ruhig und tröstend auf sie ein. Die Sache sei für ihre Mutter gar nicht so schlimm, wie es aussähe, denn sie habe sich schließlich nur von dem Galizier und seinem Helfer betören lassen und es sei sehr wahrscheinlich, daß Frau Machschewes vielleicht schon morgen aus der Haft entlassen werden würde. Er erzählte ferner von dem furchtbaren Geschick, dem das Mädchen durch das polizeiliche Eingreifen entgangen sei, von den Lasterhöhlen, denen sie zugeführt werden sollte und so weiter mehr.

Mit dem Taschentuch vor dem Gesicht schritt Esther ruhig einher. Das Geflüster ihres ungebetenen Begleiters machte nicht den geringsten Eindruck auf sie. Inzwischen war die Grenadierstraße bereits erreicht und der verliebte Uhrmacher hatte immer noch nicht seinen Haupttrumpf ausgespielt. Jetzt, kurz vor dem Hause, war es endlich die höchste Zeit. Seine Stimme wurde lauter und fester, als er nun im Bewußtsein, eine Heldentat begangen zu haben, näher an das Mädchen herantrat und sagte:

„Liebes Estherchen, daß Ihre Reise Sie ins Verderben gestürzt hätte, dürfte für Sie nun wohl nicht mehr zweifelhaft sein. Sie wären elend untergegangen, denn Sie befanden sich in Händen ruchloser Mädchenjäger. Ihre Rettung ist mein Werk, ich allein habe die Tat vollbracht, Sie aus den Klauen der Bordellkuppler zu befreien und so Ihr Leben zu retten! Sie haben mich neulich zwar verlacht, als ich Ihnen meine grenzenlose Liebe gestand, aber nach dem, was ich für Sie getan, werden Sie mich wohl mit anderen Augen betrachten. Und ich hoffe, daß Sie mir, Ihrem Lebensretter, aus Dankbarkeit Ihre Liebe schenken werden. Gott wird's Ihnen lohnen, daß Sie mich armen Menschen glücklich machen!"

Sie waren vor dem Hause angelangt. Joel Gewürz griff jetzt nach der Hand des Mädchens, gleichsam als Besiegelung des Bundes, vielleicht wollte er ihre Hand auch zum Dank an seine Lippen führen. Esther aber riß sich schnell los, reckte den Kopf trotzig in die Höhe und ihre Augen funkelten wie glühende Kohle, als sie den kleinen Uhrmacher anwetterte:

„Also Sie waren es, der mir meine Mutter nahm,

Sie unverschämter Strolch! Und daß man uns vom Bahnhof runterholte, war ihr Werk und Sie rühmen sich noch, das getan zu haben. Sie Meschüggener?! Man sollte Sie dafür verprügeln wie einen Hund! Wenn Sie es noch einmal wagen sollten, mir näher zu treten, werde ich die Polizei rufen lassen!“

Schnell drehte sich das Mädchen um und verschwand im Hausflur.

Der unglückliche Uhrmacher wußte nicht wie ihm geschehen. Er konnte weder weinen noch lachen, so sonderbar fremd und völlig unerwartet schien ihm das Benehmen des Mädchens, daß er traumverloren dastand und in den Hausflur starrte, durch den Esther soeben verschwunden war.

Pflaumenhaft, der sich während des ganzen Weges um das Geflüster seines Zimmergenossen zu dem Mädchen, das in ihrer Mitte ging, nicht gekümmert hatte, war allerdings leidlich überrascht, einem so plötzlichen und heftigen Auftritt beizuwohnen. In seiner nüchternen Denkungsart legte er dem Vorfall keine weitere Bedeutung bei, da ihm aus den Erzählungen des Uhrmachers schon bekannt war, wie Esther Machschewes seine Werbung vor einigen Wochen abgewiesen hatte.

In der Voraussetzung nun, daß es sich heute wieder um eine schroffe Ablehnung des Mädchens, sogar mit Rücksicht auf die beleidigenden Ausdrücke um endgültigen Schluß der ganzen Liebelei handelte, nahm Pflaumenhaft nun seinen Zimmergenossen unter den Arm und sagte burschikos zu ihm: „Siehste, Joelchen, nu haste genug, jetzt biste dauernd kuriert! S’ is gut für dich, daß es so gekommen, sonst wärste noch ganz meschügge geworden!“

Der kleine Uhrmacher ließ sich nur mit sanfter Gewalt vom Flecke bewegen. Seine Knie schwankten und die Zunge schien ihm gelähmt, denn er war nicht imstande, nur ein einziges Wort hervorzubringen. Der Kopf hing ihm schwer auf der Brust und bewegte sich langsam hin und her – ein stummes Erstaunen und Verzagen.

Es war keine leichte Aufgabe für Pflaumenhaft, seinen Zimmergenossen in die Mansarde zu schaffen. Zum Glück befand sich Frau Schüßler in der Wohnung, die sich sogleich um ihn bemühte und ihn, nachdem sie erfahren, was vorgefallen, durch gutes Zureden und Liebkosungen zu trösten versuchte.

Joel Gewürz lag noch immer wie geistesabwesend auf dem Bett. Nur in langen Zwischenräumen brach er mit gebrochener klagender Stimme in die Worte aus:

„Wo ist Gottes Allmacht und Gerechtigkeit und wo die Menschenliebe?! – Mit Blindheit geschlagen ist die Welt –, Herr Gott, erbarme dich!“ Frau Schüßler glaubte ein Gebet zu hören und faltete andächtig die Hände.

Trügerische Hoffnungen.

Die Almosenempfängerin Agate Brinkmann rieb sich auch heute wieder ihre knochigen Hände, aber diesmal geschah es nicht der Kälte wegen, sondern mehr aus Vergnügen, denn das Zimmerchen war überhitzt und an der Wand neben dem Ofen aufgeschichtet standen einige hundert Preßkohlen. Für das armselige Fräulein ein ganzes Bergwerk.

Und in dem Töpfchen des Ofenherdes brodelte ein ganzes Huhn – für die Alte ein Fabelwesen wie der Phönix – und verbreitete einen herrlichen Duft, den sie im Vorgefühl des wundersamen Geschmakkes gierig einsog. Nicht genug damit, standen auf einem Küchentisch kleine Berge von Tüten und Paketen, die Fräulein Brinkmann immer wieder lächelnd und sich die Hände reibend betrachtete.

Der Spender dieser Reichtümer war kein anderer als Hugo Schramm. Gleich am nächsten Tage, als er seinen Raub in Geld umgesetzt und die Taschen voll mit Kassenscheinen wattiert hatte, gab er der „Schnutengräfin" hundert Mark, um für Fräulein Brinkmann Einkäufe zu besorgen, die er mit einigen einleitenden Worten persönlich überbrachte. Seitdem war der „Schlidderhujo" für wenige Minuten täglicher Gast in dem kleinen Mansardenzimmer. Und er kam nie mit leeren Händen.

Auch heute trat er wieder nach kurzem Klopfen herein, angezogen wie ein vollendeter Kavalier und beide Arme bepackt mit Lebensmitteln.

Fräulein Agate Brinkmann machte einen tiefen Knix und warf ihrem Wohltäter, während sie ihm, vor Aufregung ganz zapplig, die Pakete von den Armen nahm, schmachtende und verhimmelnde Blicke zu.

„Großer Gott," rief sie aus, „Ihre Güte, mein hochverehrter Herr, ist übermenschlich. Womit habe ich arme verlassene Frau soviel Gnade eines engelhaften Mannes wie Sie verdient?! Ich danke Ihnen von ganzem Herzen tausend – tausendfach und untertänigst, und werde nicht verfehlen, in meinem Morgen- und Abendgebet unseres Gottes und Heilands Segen auf Sie herabzuflehen, damit alles, was Sie auch unternehmen mögen, zu Ihrer Zufriedenheit gelinge und Sie ein so glücklicher Mensch werden sollen, wie Sie mich beglückt haben!"

Der Verbrecher grinste so breit, daß seine Mundwinkel an den Ohren standen und erwiderte mit seiner rauhen Stimme:

„Na, nu lassen Se man jut sind, sonne olle Frau jibt man jerne wat, wenn se nischt zu knabbern hat. Ick hab ooch mal 'ne Mutter jehatt und wenn ick Ihn'n so sehe, mit Ihr'm wacklijen Kopp und dem krummen Rücken und det Knochenjerippe, denn denke ick immer an ihr!"

„Ach Gotte doch", flötete die Almosenempfängerin mit spitzen Lippen, „ach Gotte doch, wie rührend, nein, wie mich das freut, daß ich Ihrer Frau

Mutter, sicher einer hochedlen Dame, so ähnlich sehe und Sie mir die Gefühle eines Sohnes entgegenbringen! Zuviel Ehre, zuviel Ehre! Ein unfaßbares Glück, denn nur unser Herr und Heiland hat Sie mir gesandt, weil ich nie verheiratet war und deshalb auch keine Kinder habe!"

„Schlidderhujo" grinste wieder wohlgefällig und sagte zum Abschied: „Na, wat die Kinder anbetrifft, die hätt'n Se ooch so hab'n könn'n. Sie hab'n bloß immer zulange jezögert. Na, heute is ja nischt mehr zu mach'n, also adjeß denn uff morjen. Ick bringe Ihn'n nu 'n scheenen Sonntagsbraten mit, aber wenn Sie eener fragt, ob Sie mir neulich nacht jeseh'n hab'n, denn schüttel'n Se mit 'm Kopp und sag'n: I Jott bewahre!"

„I Gott bewahre!" wiederholte das alte Fräulein mit dem Brustton innerster Überzeugung und schüttelte so heftig mit dem Kopf, daß die grauen Haare wild herumflatterten. „I Gott bewahre!"

Der Schneider Butterfaß hatte inzwischen Glück gehabt. Ein Reisender, der gegenüber in einem jüdischen Hotel wohnte, ließ sich von den gestohlenen Stoffabschnitten einen Anzug und eine Hose bei ihm machen.

Der Anzug hing zur Abnahme bereit an einem Ständer, und Frau Butterfaß freute sich schon im voraus, das gute Geschäft als ihr ureigenes Werk rühmend preisen zu können. Aber es kam in diesem Falle, wie meistens, anders als erhofft, denn das, was man Zufälle nennt, kümmert sich wenig um die eitlen Wünsche geldgieriger Menschen.

Der Hausbesitzer Chill, der sich mit Vergnügen

nur der Geldeinnahme an jedem Monatsersten hingab, aber ebenso ungern in die Wohnungen seiner Mieter ging, war nun ausnahmsweise einmal gezwungen, sich in den Keller des Schneiders zu begeben, da der Gastwirt Gabel sich beklagt hatte, daß die Speisen in seiner Vorratskammer verderben, weil Frau Butterfaß in der Küche wasche und die heißen Wasserdämpfe die Schuld an dem ihm zugefügten Schaden hätten.

Während der Hausbesitzer mit der stets aufsässigen Frau Butterfaß eine heftige Auseinandersetzung hatte, weil sie die Tatsache bestritt, fiel sein Blick zufällig auf den an dem Ständer hängenden Anzug. Es drängte ihn, etwas zu fragen, aber er war doch klug genug zu schweigen, verwies noch einmal auf die Waschküche, die benutzt werden müßte und ging ganz ruhig hinaus.

Kaum hatte er den Keller hinter sich, als er schnurstracks zur Polizei lief und dort meldete, er habe soeben beim Schneider Butterfaß einen Anzug hängen gesehen, der aus der ihm gestohlenen Ware angefertigt sei. Es wurde sogleich der Anzug beschlagnahmt und eine Haussuchung vorgenommen, wobei auch die Hose ans Tageslicht kam.

Der Schneider ist angesichts der uniformierten Schutzleute fast von Sinnen vor Angst, man könnte ihn sofort ins Gefängnis werfen, und er beteuert daher jammernd und zitternd, daß er sich keines Verbrechens bewußt sei, denn seine Frau habe die beiden Stoffabschnitte im Bäckerladen gekauft.

Eine dort vorgenommene Haussuchung konnte zwar von dem Diebesgut nichts mehr entdecken, es wurde aber, da die Bäckerleute, in die Enge getrieben, jetzt ihrer Selbstrettung wegen nicht mehr schweigen konnten, ermittelt, daß zwei Galizier vor einiger Zeit an einem frühen Morgen von zwei Männern Pelze und Stoffe gekauft hätten.

Die Beschreibung der beiden Männer paßte auf „Schlidderhujo“ und Kunze.

Diese Vorgänge spielten sich völlig geräuschlos ab. Niemand wußte etwas davon – mit Ausnahme der Frau Toches, die sich mit Herrn Chill wieder ausgesöhnt hatte, weil der Hausbesitzer ohne ihre Kochkunst, die ihm doch noch mehr wert war, als die gestohlenen Schätze, nicht leben konnte.

Die Haushälterin begegnete nun schon am selben Abend, als ihr das Geheimnis anvertraut war, Frau Kunze auf der Treppe, und da Frau Toches einige verdächtige Äußerungen machte, die sich auf den Metallarbeiter und seine Mitwirkung an dem Einbruch bezogen und Frau Kunze, die nicht die geringste Ahnung von den Vorgängen in der fraglichen Nacht hatte, sich die Beschimpfung der Ehre ihres Mannes nicht gefallen lassen wollte, kam es zu einem Streit zwischen den beiden Frauen, der so leidenschaftliche Formen annahm, daß die taube Haushälterin einen Topf mit Sauerkohl, den sie soeben vom Kaufmann geholt hatte, ihrer Gegnerin ins Gesicht schüttete.

Der Streit erreichte zwar auf diese Weise ein schnelles Ende, weil Frau Kunze eiligst in ihre Wohnung flüchten mußte, um sich die beißende Säure aus den Augen zu wischen und die Kohlsträhnen aus den Haaren zu kämmen, aber ein viel schlimmeres Nachspiel folgte, als der Metallarbeiter, betrunken, wie fast immer, nach Hause kam.

Noch mit ihrer Toilette beschäftigt, empfing sie ihren Mann gleich mit Vorwürfen, daß er ihr und den Kindern Schande bereite, und die Leute mit Fingern nach ihm zeigen, weil er verdächtig sei, sich an einem Einbruch beteiligt zu haben. Und sie hätte schon immer gewußt, daß er bei seiner Lebensweise im Zuchthaus enden würde.

Herr Kunze war absolut nicht in der Stimmung, von seiner Frau, deren Anblick ihn meistens in Harnisch brachte, solche Redensarten zu hören und er versetzte ihr daher zunächst eine schallende Ohrfeige. Solche Brutalität des Gatten, die ein schlagender Beweis seines ehrbaren und rechtschaffenen Charakters sein sollte, empörte Frau Kunze nur noch mehr und sie erging sich in weiteren noch schlimmeren Beschimpfungen, was zur Folge hatte, daß es jetzt massenweise Ohrfeigen hagelte.

Frau Kunze schrie um Hilfe und wehrte sich, indem sie eine Kartoffelkeule, die auf dem Tisch lag, ergriff und den Kopf ihres liebenswürdigen Gatten damit etwas unsanft streichelte. Herr Kunze wiederum, der an solche Zärtlichkeiten des sogenannten schwachen Geschlechts nicht gewöhnt war, verlor in seiner Trunkenheit nunmehr gänzlich den Verstand, holte eine Axt aus der Küche und begann das ganze Mobiliar wutschnaubend zu demolieren.

Der Skandal, der sich nun entwickelte, war den Hausbewohnern keineswegs ungewohnt. Frau Kunze und die Kinder lagen schreiend und weinend auf der Treppe und aus der Wohnung klang es heraus, als ob jemand im übermäßigen Arbeitseifer Holz hackte.

Die schnell herbeigerufene Polizei nahm den Tobenden fest und schleppte ihn zur Wache. Hier ernüchterte er sich etwas, und erkannt und über den Einbruch befragt und in die Enge getrieben, gestand er, sich an dem Verbrechen beteiligt zu haben und bezichtete den Gelegenheitsarbeiter Hugo Schramm als den Haupttäter. Dann verfiel er wieder in Raserei und mußte schließlich einer Irrenanstalt überwiesen werden.

Die Nacht war inzwischen schon angebrochen und die Suche nach dem „Schlidderhujo" dadurch erschwert. Trotzdem wurde unverzüglich ein polizeiliches Streifkommando entsandt, das alle benachbarten Lokale, in denen Schramm zu verkehren pflegte, ausfindig zu machen und zu durchforschen hatte.

In einer kleinen Budike an der Ecke der Hirtenstraße zechte „Schlidderhujo" in Gesellschaft der Breitenbach und zweier ebenso verwegener Kumpane. Das Gastzimmer der Kaschemme war so klein, daß kaum ein halbes Dutzend Menschen sich darin bewegen konnte. Das hinderte aber nicht, daß die vier Gäste, deren Tisch mit Bier- und Schnapsgläsern bepackt war, in ihrer Trunkenheit mehr Lärm verursachten, als eine ganze Herde von Wölfen verfolgter Stiere.

Es wurde gejohlt und gesungen und just im rechten Augenblick, als die animierte Stimmung ihren Höhepunkt erreicht hatte, traten zwei Frauen in die Kneipe, von denen die eine Gitarre, die andere Geige spielte. Letztere, im großmütterlichen Alter, schloß gewohnheitsgemäß die Augen, weil die rohe Gesellschaft, der sie, vielleicht nur der Not gehorchend, aufspielen mußte, ihr zu stark auf die Nerven fiel. Die andere Frau hingegen, etwa in den dreißiger Jahren und nicht übel von Gesicht und Gestalt, machte einen unbefangenen und absichtlich unnahbaren Eindruck, als die Kaschemmengäste schon nach dem ersten Gassenhauer, der ertönte, wild lebendig wurden. Sie tanzten alle wüst durcheinander in allen möglichen Verrenkungen, halb auf der Erde kriechend und den Steiß in die Höhe, oder sich gegenseitig umarmend und schiebend, wobei mit Leibeskräften gegröhlt wurde und die Gläser von den Tischen fielen und klirrend zerschellten.

In dieses bestialische Treiben kam etwas Abwechslung, als sich zwei Herren durch die Türe schoben und die Gäste mit scharfen Blicken musterten. Der eine Herr verschwand sogleich wieder und kehrte unverzüglich mit einem halben Dutzend Schupoleuten zurück, die ihre schußbereiten Pistolen auf die übermütige Gesellschaft richteten. Musik und Geschrei verstummten, als der eine der Kriminalbeamten Hugo Schramm und dessen Begleiterin für verhaftet erklärte.

„Schlidderhujo" wußte jetzt, daß seine Stunde geschlagen. Er machte noch den letzten verzweifelten Versuch, durch einen Hechtsprung die goldene Freiheit zu retten, die gerade noch vor kurzem so ganz nach seinem Geschmack war. Die Fensterscheiben zersplitterten. Wie vom Sprungbrett ins Schwimmbassin glitt der Verbrecher mit einem Satz durch das Fenster auf die Straße – um hier von bereit gehaltenen Polizisten empfangen und gefesselt zu werden. Die Breitenbach ergab sich ruhig in ihr Schicksal, denn sie wußte, daß die zu erwartende Strafe nur gering sein konnte.

Esther Machschewes hatte sich in ihrer Einsamkeit, als die Mutter noch immer nicht zurückkehrte, dem Rabbinatskandidaten Dr. Speckowski anvertraut, an dessen Tisch sie auch speiste.

Moritz Feigenbaum, der mit dem unerwarteten Ausgang der verhängnisvollen Reise sehr zufrieden war, schätzte sich glücklich, das Mädchen ganz nach Belieben bei sich haben zu dürfen und ihren Kummer durch Aufmerksamkeiten und Zärtlichkeiten verscheuchen zu können.

An einem Freitag abend, als die Lichter wieder brannten und die fromme Tischgesellschaft im trauten Familienkreise ihre Gemüter in der warmen Behaglichkeit gegenseitig weich stimmte, saß Moritz Feigenbaum mit Esther in einer Ecke des Zimmers, hielt ihre Hände in den seinen und sprach innig zu ihr von Liebe und Lebensglück.

Und als der dampfende Kaffee mit dem einladenden Butterkuchen aufgetragen wurde, konnte der junge Mann seinem Schwager bekannt geben, daß er sich soeben mit Esther verlobt habe.

Nach der herzlichen Beglückwünschung machte der Rabbinatskandidat mit Rücksicht auf die gegenwärtige Lage der Braut den Vorschlag, schon morgen, am Sonnabend, die Ehe nach ostjüdischem Ritus in seiner Wohnung zu vollziehen*, die deutsche standesamtliche Beurkundung könnte dann nach der Rückkehr der Mutter mit deren Zustimmung erfolgen. Die jungen Eheleute würden zunächst in der Wohnung der Frau Machschewes

---

* In Rußland wurden die Ehen nur nach religiösem Ritus geschlossen. Standesämter gab es nicht. Und nur die Geistlichkeit hatte das Recht, Ehen zu trennen.

ihren Haushalt einrichten und später nach Posen übersiedeln.

Das Brautpaar war überaus glücklich, allen ihren Sorgen ein so schnelles Ende bereitet zu sehen.

Am nächsten Tage, nach dem Gottesdienst in der Synagoge, wurde die Chuppe* mitgenommen und einige dem Rabbinatskandidaten bekannte Herren, Damen und junge Mädchen wurden als Trauzeugen zu Tisch gebeten.

Das ganze Zimmer war mit Blumen und Blattpflanzen geschmückt. In der Nähe des Fensters war ein Altar errichtet, auf dem zwei Lichter brannten und hinter dem nach einem Einleitungsgebet Dr. Speckowski eine Ansprache hielt.

Von einem Nebenzimmer aus wurde die Braut von dem Bräutigam unter die Chuppe geführt, die von vier Mädchen gehalten, eine Art Baldachin aus rotem Samt mit vergoldeten Ornamenten darstellte.

Jetzt trat der Rabbinatskandidat an die Braut heran, die unter der Chuppe auf einem Stuhle saß, bedeckte sie ganz mit einem Schleier und sprach ein Gebet. Dann nahte sich Moritz Feigenbaum, küßte seine Braut, hob sie vom Stuhl und schloß sie in seine Arme.

Dem Zeremoniell folgte noch eine hebräische Beurkundung mit der Unterschrift des Paares und der anwesenden Zeugen, und die Ehe galt als vollzogen. Allgemeines Gebet beschloß die Feier.

---

* Chuppe ist der sogenannte Brauthimmel, unter dem die jüdischen Bräute eingesegnet werden.

Die Hochzeitsgäste hatten sich schon verabschiedet und das junge Ehepaar war soeben nach dem Bahnhof gefahren, um die Flitterwochen in Wiesbaden zu verleben, als es bescheiden an der Tür klopfte und Joel Gewürz niedergedrückt und verstört hereinschlich.

Er entschuldigte sich, noch so spät zu stören, aber er könnte es nicht länger ertragen. Er fühle, wie sein Geist sich allmählich umnachte und der Druck, der auf seinem Herzen laste, ihm das Blut aus den Adern presse, sodaß er kaum noch die Kraft habe, seinem Berufe nachzugehen. In dieser grenzenlosen Not komme er zu dem Rabbiner, um ihn flehentlich zu bitten, seinen Leiden dadurch ein Ende zu bereiten, daß er mit Esther Machschewes, die jetzt fast ständig in seiner Wohnung sei, unter Hinweis auf die göttliche Gerechtigkeit eindringlich rede und ihr klarmache, daß sie ihm, ihrem Retter, Dank schulde und ihn deshalb nicht umkommen lassen dürfe. Wahrscheinlich sei es dem Rabbiner doch bekannt, daß er die Verkuppelung der Esther Machschewes nach einem holländischen Bordell verhindert habe.

Dr. Speckowski senkte die Augen, denn der kleine verwachsene Mann tat ihm wegen seiner unglücklichen Liebe in der Seele leid, aber angesichts der Tatsachen war er außerstande ihm anders zu helfen als durch Trostworte. Er zog den gebeugten Uhrmacher daher auf einen Stuhl, legte seine Hände auf den Kopf des Joel Gewürz, sprach ein kurzes Gebet und sagte warm und herzlich: „Lieber junger Mann in Israel, des Herren, unseres Gottes Wille ist unabwendbar. Ich habe soeben seinen Segen auf Ihr Haupt herabgefleht, auf daß er Sie tröste und Ihnen

Kraft verleihe, den Schmerz zu ertragen, den die mangelnde Gegenliebe eines Mädchens Ihnen bereitet hat. Wenn Sie eine Wohltat an ihr geübt, wird Gott der Herr Ihnen danken, aber die Liebe läßt sich nicht zwangsweise in ein Herz pflanzen. Ertragen Sie mit Manneskraft die Nachricht, daß Esther für Sie unerreichbar ist. Ich habe Sie vor einigen Stunden vor Gott und den Menschen mit meinem Schwager vermählt!"

Joel Gewürz zuckte zusammen. Er wurde noch kleiner als er schon war. Seine Blicke fielen scheu auf die Chuppe, die noch in einer Ecke stand, und nachdem er zitternd die Hand des Rabbiners ergriffen und geküßt hatte, schlich er völlig gebrochen hinaus.

Am nächsten Morgen fand ihn Frau Schüßler entseelt in seinem Bette. Er hatte sich in der Nacht vergiftet. Seine Hände waren zu Fäusten geballt, die er im Todeskampfe drohend gegen den Himmel streckte.

Von Nero Pufèles war keine Spur mehr zu entdekken. Er hatte noch Zeit genug gehabt, seine Wohnung an einen Landsmann zu hohem Preise zu verkaufen. Sein Bankkonto, das mit Beschlag belegt werden sollte – die Polizei hatte die Bank durch den Scheck des Pflaumenhaft ermitteln können –, war bis auf eine geringe Summe abgehoben, denn der Gauner nahm fast sein ganzes Vermögen, das mehrere Millionen betrug, vorsichtshalber auf jeder Reise mit sich.

Jules Samson, der sich als französischer Untertan legitimierte, wurde von den Behörden mit Glaceehandschuhen angefaßt. Und da man ihm nichts nachweisen konnte, weil er die Verhandlungen mit den Mädchen nie persönlich geführt hatte, mußte man ihn bald entlassen. Ebenso mußte Frau Machschewes, weil der Untersuchungsrichter annahm, daß sie nur aus Dummheit und Unkenntnis gehandelt habe, freigelassen werden. Von Niemßdorf, der sich immer hinter den Kulissen hielt, konnte ebenfalls nicht unter Anklage gestellt werden, obwohl er stark verdächtig war. Und da er ständig viel Geld gebrauchte, zog er aus den Ereignissen dieser Tage keine Lehre, sondern setzte sein schmutziges aber einträgliches Gewerbe weiter fort.

Die Eheleute Butterfaß büßten zwar den schönen Anzug und den erhofften reichlichen Gewinn ein, aber sie waren herzensfroh, ohne Strafe davonzukommen, weil man annahm, daß Frau Butterfaß den Stoff in gutem Glauben gekauft und ihrer Ansicht nach angemessen bezahlt habe.

Hingegen wurde der Bäckermeister wegen Hehlerei mit einem Jahre Gefängnis bestraft, die Breitenbach erhielt sechs Monate Gefängnis, Frau Diamant büßte ihre Gewissenlosigkeit mit zwei Jahren und „Schlidderhujo“ wanderte wieder auf sechs Jahre ins Zuchthaus.

Die einzige Person, die sich mit dem Wechsel der Dinge nicht abfinden konnte, war die Almosenempfängerin Fräulein Agate Brinkmann. Als ihr Pflaumenhaft gelegentlich erzählte, was sich ereignet habe und daß der Nachbar eines schweren Einbruchs wegen bei Chill zu sechs Jahren Zuchthaus verurteilt worden sei, wehrte sie ungläubisch ab, schüttelte heftig mit dem Kopf, daß die grauen Haare herumflatterten und rief mit dem Brustton innerster Überzeugung: „I Gott bewahre, I Gott bewahre, ein so guter Mensch kann ein so garstiges Verbrechen nimmer begehen!“

Und nach wie vor betete sie des Morgens und Abends für das Glück und Seelenheil ihres Wohltäters.

NACHBEMERKUNG

Vor- und Nachgeschichte des Scheunenviertels

Als Herr Pufeles aus Krakau eines grauen Abends mit seiner ganzen Habe in der Grenadierstraße eintraf, hatte das Scheunenviertel längst seine Vorgeschichte.

Diese begann um 1700, als die Berliner am Rande der Stadt ihre Vorratskammern errichteten. Die Geschichte soll aber hier nur in aller Kürze zusammengefaßt werden: Die Stadt begann zu wachsen. Nicht alle der sich hier mit der Zeit ansiedelnden Bauern schafften den ersehnten Sprung ins Stadtleben. Die zunehmende Industrialisierung, die Möglichkeit, die Bewohner Berlins zum Beispiel auf dem Eisenbahnweg zu versorgen, machte das Scheunenviertel mehr und mehr überflüssig. Die hier inzwischen lebten, gehörten zu den Ärmsten der Armen. Doch nicht nur das. Elend und Verbrechen sind ein passendes Pärchen. Wer die Sozialisation in die bürgerliche Welt der aufstrebenden Großstadt nicht schaffte, konnte sich bald in jenem immer mehr in die Mitte der Metropole rückenden Stadtteil wiederfinden, dessen Kern das Scheunenviertel bildete. Obdachlose, Bettler, Verbrecher fanden hier Unterschlupf. Prostituierte und Zuhälter bestimmten das

Bild mancher Straße. Die engen Gassen mit ihren immer mehr verfallenden muffigen Häusern wurden zu einem Alptraum für die „ehrbaren Bürger“ wie für die Polizei.

1906 begann man das Scheunenviertel, jenes ursprüngliche Geviert von Scheunengassen, abzureißen. Auf dem so entstandenen freien Platz, der zunächst Babelsberger Platz, dann Bülowplatz, später Horst-Wessel-Platz und inzwischen Rosa-Luxemburg-Platz genannt wurde, erbaute man 1913–1915 ein großes Theater, die Volksbühne. Die einstigen Bewohner wurden in den umliegenden Straßen angesiedelt. Die Häuser hier verfielen weiter und blieben unter anderen mit der Grenadier- (heute Almstadtstraße), Dragoner- (heute Max-Beer-Straße), der Rücker-, Linien-, Mulackstraße, der Hirtengasse (heute Hirtenstraße) sowie Schendelgasse das Elendsquartier am Rande der City mit dem Alexanderplatz. Die Wohndichte war hier fünfmal höher als sonst in der Stadt, es herrschten katastrophale hygienische Bedingungen, nur die Hälfte der Wohnungen hatte eine eigene Toilette ...

Ein weiteres Kapitel, das zur Vorgeschichte dieser Gegend gehört, reicht zurück bis etwa in die achtziger Jahre des vorigen Jahrhunderts. Immer mehr Ostjuden flohen vor den Pogromen aus ihren Heimatländern, aus Rußland, Polen, Galizien. Das Scheunenviertel mit seinen noch erschwinglichen Mieten bot vielen Wanderern aus dem Osten Quartier. Die meisten von ihnen zogen weiter mit dem Ziel Amerika. „Rund um die Granadierstraße lassen sie sich provisorisch nieder, immer in der Hoffnung, doch noch den zweiten größeren Schritt über den

Ozean zu tun", schreibt der Soziologe Eike Geisel in einer Studie übers Scheunenviertel. Nach der amtlichen Statistik von 1925 wanderten einhundertsiebentausend ausländische Juden nach Deutschland ein. Gegenüber der Bevölkerungszahl von sechzig Millionen waren das verschwindend wenig. Fakt ist aber auch, daß in Berlin eine Vielzahl der ostjüdischen Einwanderer gerade ins Scheunenviertel zog und durch ihr äußeres Erscheinungsbild, wie durch ihre Lebensweise besonders auffiel. Die Grenadierstraße war das Zentrum ihres selbstgewählten Ghettos. Hier bot sich jenes Bild, das Alfred Döblin in seinem Roman „Berlin Alexanderplatz" zeichnet, als er seinen Strafentlassenen Franz Biberkopf die Bekanntschaft eines Juden machen ließ, der ihn ins Scheunenviertel mitnahm. Und ebenfalls die Milieustudie in diesem Büchlein von Adolf Sommerfeld zeigt etwas von dem Leben hier in den zwanziger Jahren unseres Jahrhunderts. Zu bezweifeln bleibt dabei allerdings, daß alle, die wie Herr Pufeles im langen schwarzen Kaftan, mit dem dunklen struppigen Vollbart und den sich ringelnden Stirnlöckchen unter dem breitrandigen schwarzen Hut in der Grenadierstraße ankamen, dunklen Geschäften nachgehen wollten. Aber, was heißt schon dunkle Geschäfte, schließlich gehörte Herr Pufeles wohl nicht so recht in dieses Viertel, er war kein Bankräuber, eher ein Bankgründer.

Auch wenn Herr Pufeles sich letztlich davonschleichen mußte, hatte er noch Glück, ihm blieb das weitere Schicksal seiner Landsleute im Scheunenviertel erspart. Den russischen waren sie entkommen, die faschistischen Pogrome holten sie ein.

Für die meisten gab es nur noch die Deportation in den Tod.

Der Holocaust gehört schon zur Nachgeschichte, der von Sommerfeld beschriebenen Ereignisse in der Grenadierstraße. Und zur Geschichte dieses Stadtteils gehören auch die Straßen- und Saalschlachten zwischen Kommunisten und SA-Leuten. Daß Kommunisten hier unter Dieben, Zuhältern und Prostituierten lebten, mag ein Grund dafür sein, daß das Scheunenviertel in der DDR kaum Erwähnung fand, dieses Stück Berliner Geschichte ins Vergessen gedrängt wurde, nichts mehr daran erinnern sollte. Doch es scheint, die Geschichte holt diesen Stadtteil immer wieder ein . . .

Februar 1992

Ingrid Kirschey-Feix

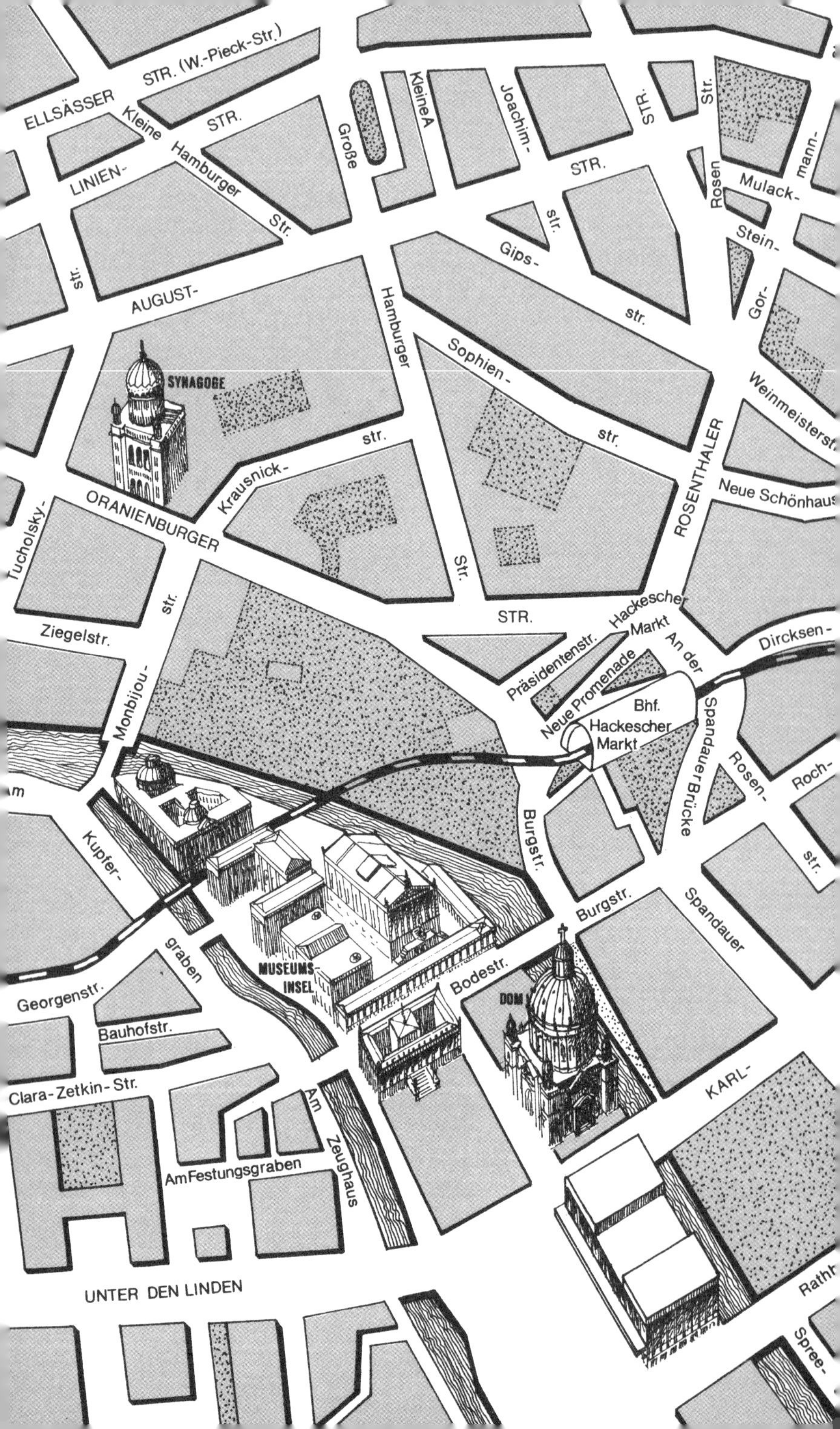

STR. (W.-Pieck-Str.)
ELLSÄSSER
STR.
Kleine
Hamburger
Str.
LINIEN-
str.
Große
KleineA
Joachim-
STR.
STR.
Str.
Rosen
Mulack-
mann-
Stein-
Gips-
str.
str.
Gor-
AUGUST-
Hamburger
Sophien-
str.
Weinmeisterstr.
SYNAGOGE
str.
Krausnick-
ROSENTHALER
Neue Schönhaus
ORANIENBURGER
Tucholsky-
str.
Str.
STR.
Ziegelstr.
Hackescher
Markt
Präsidentenstr.
An der
Dircksen-
Neue Promenade
Bhf.
Hackescher
Markt
Spandauer Brücke
Monbijou-
Rosen-
Roch-
Kupfer-
Burgstr.
str.
Burgstr.
Spandauer
graben
MUSEUMS-
INSEL
Bodestr.
DOM
Georgenstr.
Bauhofstr.
KARL-
Clara-Zetkin-Str.
Am
Zeughaus
AmFestungsgraben
UNTER DEN LINDEN
Rathh
Spree-